Berlin Gestern Heute Morgen

Rainer Haubrich

BERLIN

Gestern

Heute

Morgen

Auf der Suche nach der Stadt

Nicolai

INHALT

Einleitung **Auf der Suche nach der Stadt** Seite 7
Übersichtskarte **Die Standorte** 12
Nikolaiviertel 14
Molkenmarkt 16
Fischerinsel 18
Petristraße 20
Panorama Märkisches Ufer 22
Marienkirche 24
Börse 26
Alexanderplatz 28
Spreeinsel 30
Berliner Schloß 32
Schinkelplatz 34
Werderscher Markt 36
Unter den Linden 38
Unter den Linden und Friedrichstraße 40
Friedrichstraße 42
Gendarmenmarkt 44
Spittelmarkt 46
Panorama Siegessäule 48
Platz der Republik 50
Reichstag 52
Pariser Platz und Reichstag 54
Pariser Platz 56
Hotel Adlon 58
Wilhelmstraße 60
Wilhelmplatz 62
Checkpoint Charlie 64
Mehringplatz 66
Leipziger Platz 68
Leipziger Platz und Potsdamer Platz 70
Potsdamer Platz 72
Kulturforum 74
Tauentzienstraße 76
Kurfürstendamm 78
Ku'damm-Eck 80
Synagoge Fasanenstraße 82
Adenauerplatz 84
Abbildungsnachweis 86
Über den Autor 87

Auf der Suche nach der Stadt

Anmerkungen zur Baugeschichte Berlins im 20. Jahrhundert

Ausschnitt aus dem Modell der Nord-Süd-Achse von Albert Speer. Im Vordergrund liegt der Bezirk Schöneberg, jenseits der Achse der Bezirk Kreuzberg.

Kaum eine andere Großstadt Europas ist in diesem Jahrhundert so entstellt worden wie Berlin. Weder in Rotterdam oder Warschau, noch in Hamburg oder Dresden klafft heute im historischen Zentrum eine so unwirtliche Brache wie in Berlin zwischen Alexanderplatz und Friedrichstadt. Auch die angrenzenden Stadtbezirke wurden erst durch die Bomben und danach durch Abrisse und moderne Ergänzungen so zugerichtet, daß es im Zentrum Berlins kaum eine Straße gibt, auf der man auch nur hundert Meter gehen könnte, ohne daß durch den Krieg gerissene Lücken oder Bauten der Nachkriegs-Moderne ins Blickfeld treten. Selbst in Straßenzügen mit intakter Altbausubstanz wurde den meisten Fassaden der Stuck abgeschlagen und ihnen damit ihr ursprünglicher Charme geraubt. Mancher wußte es schon früher, aber vielen wurde es erst klar, als man nach dem Fall der Mauer die Bestände der vereinigten Stadt sichtete: Berlin ist eine häßliche Stadt, wahrscheinlich die häßlichste Hauptstadt Europas.

Berlin war selten ein Zustand des Fertigen vergönnt. Immer wieder wurde hier ein neuer Aufbruch verkündet, sollte mit der bestehenden Stadt auch gleich der alte Geist mitabgeräumt werden: Das barocke Berlin wich den Geschäftshäusern und Staatsbauten der Kaiserzeit, in den zwanziger Jahren sollten geordnete Stadtvisionen die wuchernden Miethausquartiere ablösen, im Dritten Reich die raumgreifende Nord-Süd-Achse von Albert Speer durch die Stadt geschlagen werden. Nach der Teilung baute man auf der einen Seite das demokratische Schaufenster des Westens, auf der anderen die sozialistische Hauptstadt. Trotz all dieser Veränderungen, trotz der vielen neuen Schichten, die das Alte überlagern, ist auch heute noch das überragende, bleibende Bild in den Köpfen das Vorkriegs-Berlin, ihm gelten die Sehnsüchte der heutigen Bewohner. Nicht, weil es je zu den schönsten Städten Europas gehört hätte, sondern weil der Städtebau seitdem nichts Gleichwertiges geschaffen hat. Nach Jahrzehnten bitterer Fehlschläge erscheint dieses alte, von Zeitzeugen so geschmähte Berlin als ein wundervoller Ort mit einer städtischen Aura, die alle begehrten Metropolen Europas bis heute auszeichnet: das Häusermeer, die Straßenfluchten, die Platzräume, die klassische Bautradition, das Ornament.

Andererseits gibt sich einer Illusion hin, wer meint, die lieblichen Ansichten der Jahrhundertwende wären überall bis ins Heute herübergerettet worden, hätte es Bomben, Mauer und Nachkriegs-Moderne nicht gegeben. Schon in den zwanziger Jahren wurde an einzelnen Häusern der überbordende Stuck abgeschlagen, wichen die neuen Geschäftshäuser immer häufiger vom Kanon des überlieferten Städtebaus ab. Die ersten Hochhäuser ragten über die Traufhöhe hinaus, Fassaden sprangen von der Straßenflucht zurück, Parzellen wurden zusammengelegt und die kleinteiligen Steinfassaden durch großzügige Fensterbänder und Glasflächen ersetzt. Doch die Moderne blieb in Berlin die Ausnahme, und die strahlende Wirkung ihrer Bauten beruhte nicht zuletzt auf dem Kontrast zur überwältigenden Fülle an traditioneller Stadt, die bis in den Zweiten Weltkrieg das Wesen Berlins ausmachte.

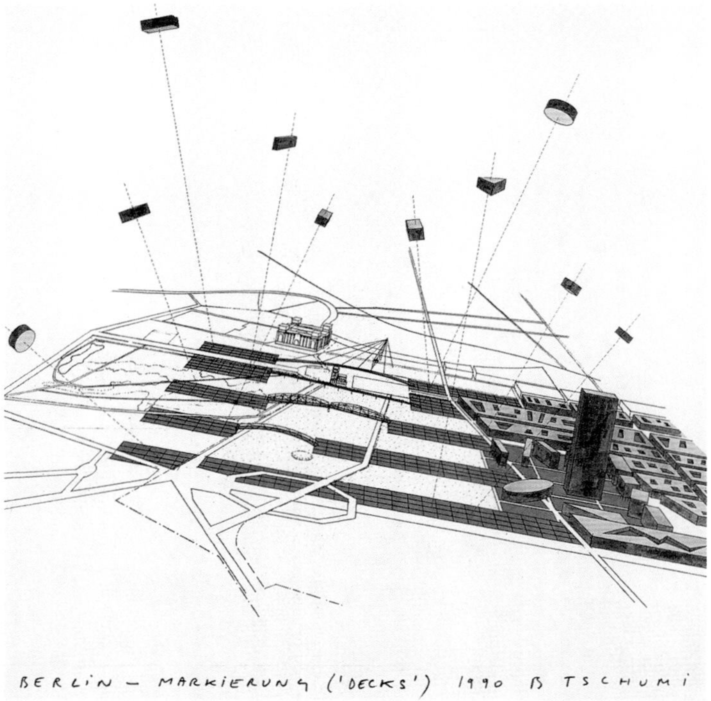

Bernard Tschumis Beitrag zur Ideen-Konkurrenz »Berlin morgen« des Deutschen Architektur-Museums, 1990/1991.

Auch die Pläne Albert Speers für die Welthauptstadt »Germania« hätten daran verhältnismäßig wenig geändert. Sie waren nicht der Bruch mit der Tradition, sondern ein letzter Versuch in klassischem Städtebau – wenn auch gigantisch überhöht. Die meisten historischen Ensembles und weite Teile der Innenstadt wären dabei unangetastet geblieben. Die Nord-Süd-Achse hätte – abgesehen vom Alsenviertel im Spreebogen und der Gegend am heutigen Kulturforum – wenig bedeutsame Stadtviertel verdrängt, etwa die Hälfte der beanspruchten Fläche betraf Bahngelände. Wer sich die Pläne Speers abseits der monumentalen Nord-Süd-Achse betrachtet, findet im Prinzip den Geist des neunzehnten Jahrhunderts, wie beim vergleichsweise moderaten Straßen-Durchbruch durch die Stadtmitte nach Osten, der in Haussmannscher Tradition durch neue, flankierende Gebäude mit der älteren Bebauung verknüpft werden sollte. Es wäre die bis dahin größte Umgestaltung Berlins geworden. Aber im Lichte der Nachkriegsvisionen für Berlin eines Scharoun oder Le Corbusier erscheint Speer fast als früher Vertreter einer »behutsamen Stadterneuerung«. Aus der Zeit des Nationalsozialismus stammen mit Olympiastadion und Flughafen Tempelhof zwei bis heute populäre Großbauten, ebenso dürfen die Rathäuser von Wilmersdorf, Tiergarten und Tempelhof als gelungene Kommunalbauten gelten. Wenn demnächst die Fassade des ehemaligen Reichsluftfahrt-Ministeriums gereinigt ist, wird selbst dieser schwere Brocken mehr Ausstrahlung haben als die meisten Verwaltungsgebäude der Nachkriegszeit.

So wichtig es bleibt, an das Verbrecherische des Nationalsozialismus zu erinnern, an die Katastrophe der Kriegszerstörungen, die er über die Stadt brachte: Es ändert nichts an der architektonischen Faszination, die auch moderne Demokraten angesichts vieler Bauten dieser Zeit empfinden – die zu bekennen sich die eher volkspädagogisch als architektonisch argumentierenden Architekturhistoriker natürlich nie erlauben würden. Sie übersehen nicht nur die stilverwandten Bauten in den Demokratien Europas und Nordamerikas, die zur gleichen Zeit entstanden, ihnen entgeht auch, daß manch »grobschlächtige Architektur« und »menschenfeindliche Größenordnungen« kein Merkmal nur dieser Zeit blieben. Viele der Ungetüme, die die Nachkriegs-Moderne gebar, können sich darin durchaus mit jenen messen. Weite Teile des Stadtbildes sind über Jahrzehnte so banal und billig geworden, daß die geschmähten Bauten der dreißiger Jahre als Teil einer schmerzlich vermißten Tradition erscheinen.

Nicht der Germania-Plan Speers war der Tiefpunkt in der Städtebau-Geschichte Berlins. Dieser Superlativ gebührt dem Hauptstadtwettbewerb von 1957, der den folgenden Abrißrausch als fortschrittlich adelte und die autogerechten, durchgrünten Hochhaus-Szenarien der utopischen Moderne zum neuen Leitbild erhob. Die neue demokratische Gesellschaft sollte in einer von Grund auf neuen Stadt entstehen. In den Wettbewerbs-Vorgaben wurde fast die gesamte Innenstadt zur Disposition gestellt. Vertreter anderer Auffassungen saßen weder in der Jury noch hatten ihre Beiträge im Verfahren eine Chance. Auch Hans Scharoun, nach dem Krieg erster Baudirektor des Magistrats von Berlin und später Schöpfer des betörenden Innenraums der Philharmonie, entwarf in seinem zweitplazierten Beitrag eine aufgelockerte Stadtlandschaft, in der bis auf einzelne Baudenkmäler das gesamte historische Stadtzentrum verschwunden war.

An Alternativen hatte es nicht gefehlt. Schon 1946, zeitgleich mit Scharouns erstem Vorschlag, dem Kollektivplan, präsentierten Willy Görgen und Walter Moest den »Zehlendorfer Plan«, eine gemäßigte Anpassung des Stadtkörpers an moderne Verkehrsbedürfnisse. In München billigte im August 1945 der neue Stadtrat den Plan von Karl Meitinger, mit dem »das Bild der Altstadt« wiederhergestellt werden sollte. So wurde in einer großen Kraftanstrengung auch die schwer zerstörte Wittelsbacherresidenz rekonstruiert. In Hamburg hielt 1945 der Architekt und langjährige Baurat Fritz Schumacher ein eindringliches Plädoyer für die »Schönheit« der überlieferten Stadt. Vielen werde erst nach dem Krieg bewußt, »daß diese oft gelästerte Stadt trotz allen Fehlleistungen eine Seele hatte, daß sie Hüterin einer eigentümlichen Kultur war, die sich nicht auf ihre historischen Sehenswürdigkeiten beschränkte, sondern aus vielerlei Kraftströmen hervorging, die in der Art ihres Lebens und Treibens zum Vorschein kamen«. Die »Seele der Stadt« scheint für das, was nun in Berlin geplant wurde, kein Kriterium gewesen zu sein. Zwar blieb der Hauptstadtwettbewerb Papier, weil die Stadt geteilt wurde; aber wo immer man baute, blieb der Einfluß dieser Ideen spürbar, setzten Scharoun und seine Eleven die Stadtvisionen der Moderne um.

Der Gendarmenmarkt nach der Umgestaltung 1936 (oben) und ein Fassadenausschnitt des »Quartier 205« von Oswald Mathias Ungers, 1995 (unten).

Im Osten folgte man zunächst dem politisch-architektonischen Gegenbild des sowjetischen Neoklassizismus. Die Stalinallee und die Sowjet-Botschaft Unter den Linden sind bis heute eindrucksvolle Beispiele dafür. Doch sie blieben ein Zwischenspiel. Als der Stalinismus nicht mehr ganz so vorbildlich schien, schwenkte auch die DDR auf die internationale Nachkriegs-Moderne des Westens ein. Nur geriet in Ost-Berlin alles eine Nummer größer und gröber. Das historische Zentrum der Stadt wurde durch das Marx-Engels-Forum, überdimensionierte Straßenschneisen, Punkthochhäuser und Wohnscheiben völlig ruiniert. Während Altbauviertel verfielen, entstanden in den Außenbezirken die berüchtigten Plattenbausiedlungen. Der Westen Berlins kam nicht viel besser davon. Im neuen Hansaviertel, am wüsten Kulturforum oder auf dem provinziellen Mehringplatz war von Stadt nichts mehr zu spüren. In den sechziger Jahren begann die verheerende Kahlschlagsanierung, bei der intakte Altbauviertel abgerissen und deren Bewohner in neue Wohnburgen umgesiedelt wurden. Am Kurfürstendamm entstanden bedeutende Werke der Vulgär-Moderne: das Kaufhaus Wertheim, so abweisend, daß wenige Jahre danach erstmals die Fassade verändert wurde, das Ku'damm-Eck, ein dunkel verschachtelter Basar, der schon zur Eröffnung mit Kritik überhäuft und auch danach nie richtig angenommen wurde. Hier war keineswegs der Zeitgeist einer ganzen Generation am Werke, wie die Chronisten heute verschleiernd resümieren. Der Widerstand von betroffenen Bürgern und politischer Opposition begleitete alle Vorhaben von Anfang an. Aber gegen die selbstherrliche Allianz aus ideologisch motivierten Sozialpolitikern, progressiven Architekten und einer mächtigen Baulobby vermochten sie nichts auszurichten.

Zu Beginn der siebziger Jahre wurde auch dem Letzten klar, was man der Stadt angetan hatte. Ende 1975 sprachen der junge Architekt Josef Paul Kleihues und der Publizist Wolf Jobst Siedler beim Regierenden Bürgermeister Klaus Schütz vor, um ihm die Idee einer Internationalen Bauausstellung vorzustellen, mit der die Innenstadt entlang den historischen Straßenverläufen wieder bebaut und als Wohnort zurückgewonnen werden sollte. In Ost-Berlin wurde 1979 der Wettbewerb für das Nikolaiviertel entschieden und damit eine Phase der historisierenden Postmoderne mit aufwendigen Restaurierungen eingeleitet, die bis zum Ende der DDR anhielt. Beides waren positive Wendepunkte in der Baugeschichte Berlins. Fast zeitgleich wurde erstmals seit dem Krieg innegehalten, das Rad zurückgedreht und die Tradition wiederbelebt. Trotz einiger überzeugender Bauten zeigten sich jedoch bald die Schwächen beider Konzepte: Im Ostteil waren es die unbeholfenen Fertigteil-Fassaden, im Westen die niedlichen, bunten Individualismen eines eher vorstädtischen Wohnungsbaus.

Dann fiel die Mauer. Berlin stand plötzlich und unverhofft vor der epochalen Herausforderung, das gesamte Zentrum neu zu gestalten und die beiden Stadthälften wieder zusammenzufügen. Zugleich wurde ein letzter Versuch unternommen, in Deutschland eine hauptstädtische Metropole zu schaffen. Die Verwaltungen mußten innerhalb weniger Jahre Planungen erstellen, für die andere Städte Jahrzehnte Zeit hatten, während Investoren aus der ganzen Welt viel Geld verdienen wollten. Daß bei einer solchen Ausgangssituation keine Fehler gemacht würden, konnten nur Idealisten hoffen.

Neue Senatsgebäude von Christian Langlois, Rue de Vaugirard, Paris, 1975.

Die ersten Bilder eines neuen Berlin lieferte Anfang 1991 das einflußreiche Deutsche Architektur-Museum. In einer großen Ideenkonkurrenz hatten »die besten Architekten der Welt« unter dem Titel »Berlin morgen« ihre Vorstellungen für die neue Metropole skizziert. Das Ergebnis polarisierte und nahm damit die kommenden Debatten vorweg. Während eine Minderheit Vorschläge zur Heilung der zerrissenen Stadt präsentierte, spreizten sich die zahlreich vertretenen Gurus der internationalen Architekturszene mit intellektuellen, hochfliegenden Visionen, die dem Fragmentarischen huldigten und mehr mit bildender Kunst als mit Städtebau zu tun hatten.

Es bleibt ein Glücksfall, daß sich die Berliner Zirkel resistent gegen die Extravaganzen der publicity-orientierten Design-Büros zwischen Los Angeles und Tokio zeigten. Schon früh zeichnete sich hier ein Konsens ab, die Stadt »nicht neu zu erfinden«, sondern in ihrer Vorkriegsstruktur »kritisch zu rekonstruieren«. Als Modell diente die europäische Stadt der Jahrhundertwende, die Architektur im einzelnen sollte dagegen modern sein. Dies bedeutete die Ergänzung des Bestehenden entlang historischer Straßenfluchten und Plätze und eine weitgehend einheitliche Höhe der Bebauung. Wie in allen europäischen Städten sollten Fassaden aus Stein mit klaren Fensteröffnungen dominieren, Glas- und Spiegelfassaden dagegen verhindert werden. Durch eine Typisierung der Neubauten erhoffte man sich zudem eine Beruhigung des viel zu heterogenen Stadtbildes.

Diese Leitlinien blieben umstritten. Die heftigste Kritik kam von den eingefleischten Modernisten, weil sie mit ihren Vorstellungen einer avantgardistischen, visionären Architektur nicht zum Zuge kamen. Später meldeten sich auch die Traditionalisten zu Wort, weil die Senatslinie auf der anderen Seite historische Anklänge in der Architektur und Rekonstruktionen verhinderte. Bei aller Kritik, die die maßgeblichen Architekten und Planer, vor allem der streitlustige, ehemalige Senatsbaudirektor Hans Stimmann haben einstecken müssen: Fast alle Grundsatz-Entscheidungen haben sich als richtig erwiesen, eine weitere Zersplitterung der Stadt wurde verhindert. Das ist angesichts der turbulenten Jahre des Umbruchs nicht eben wenig.

Dennoch spricht einiges dafür, daß die Quartiere des neuen Berlin nur schwer mit den historischen Stadtvierteln werden konkurrieren können. Das liegt nicht nur an der schieren Größe der Blöcke. Gebäude wie die Staatsbibliothek Unter den Linden oder das »Kaufhaus des Westens« am Wittenbergplatz sind größer als die meisten Neubauten. Nur ist ihre Masse besser gegliedert, die Fassaden haben mehr Rhythmus, mehr Tiefe, ihr Stein ist griffiger und solider gefügt. Deshalb wirken sie trotz ihrer Größe nicht so erdrückend wie etwa das »Quartier 205« von Oswald Mathias Ungers, das von der Friedrichstraße bis an den Gendarmenmarkt reicht. Das monotone Quadratraster, mit dem er den gesamten Block überzieht, entspricht nahezu exakt dem Muster, mit dem 1936 der Gendarmenmarkt planiert wurde. Platzmuster eignen sich anscheinend nicht unbedingt für Fassaden. Darüber hinaus zeigt es ein Ordnungsstreben und eine Rigidität im Entwurf, die dem Charakter des Platzes heute genauso zuwiderlaufen wie vor sechzig Jahren. Doch selbst Monotonie wäre allein keine Schwäche. Viele Straßenzüge in Städten wie Paris oder Barcelona sind in ihrer Art auch monoton, hier reihen sich kilometerlang ähnliche Fassaden gleicher Farbe. Doch die Wiederholung dessen, was gefällt, wird nicht als unangenehm empfunden.

Daß die von Spätrationalisten dominierte Fassadensprache der »Kritischen Rekonstruktion« zur Wiederherstellung überzeugender Stadträume nicht ausreicht, wurde mit der Fertigstellung der ersten Projekte für jeden erkennbar. Was in den Baufluchten und Volumina überzeugte, hatten sich selbst viele Anhänger der Senatslinie nicht so glatt, so plump, so dürftig vorgestellt. Enttäuschung machte sich breit. Das Offenbare wurde dabei selten ausgesprochen: Die Neue Berlinische Architektur war nicht zu traditionell, sie war nicht traditionell genug. Sie ist nicht in der Lage, mit der Ausstrahlung der historischen Umgebung zu konkurrieren. Deren Aura ist nicht reproduzierbar, aber auch zeitgenössische Architektur kann sich ihr stärker annähern. Die besseren Neubauten zeichnen sich gerade dadurch aus, daß sie Anleihen an frühmoderne oder klassische Architektur nicht scheuen, etwa die Entwürfe von Hans Kollhoff oder Christoph Mäckler, von Hilmer-Sattler-Albrecht oder Petra und Paul Kahlfeldt.

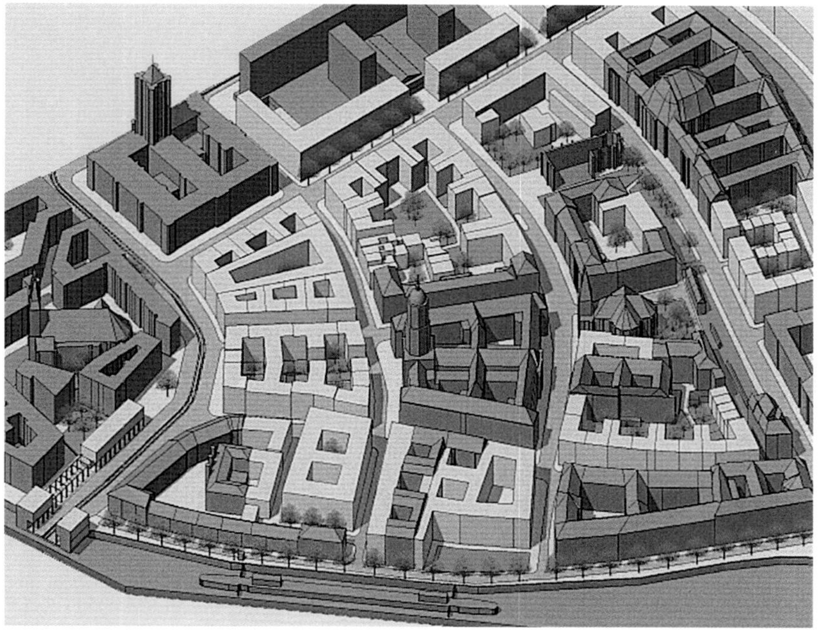

Molkenmarkt. Ausschnitt aus dem »Ergebnisplan« des Senators für Stadtentwicklung. Hell eingezeichnet sind mögliche Neubauten auf Freiflächen, die vor dem Krieg bebaut waren.

Es begann die Suche nach einer nuancierten, verfeinerten und stärker an der Tradition orientierten Architektursprache für die innerstädtischen Quartiere. Sie wurde anfangs durch eine affektbeladene Abwehr alles Historischen erschwert, die sich teils aus der deutschen Geschichte erklärt, teils in der Befürchtung gründet, eine traditionellere Architektur fördere zugleich einen politischen Konservativismus. Beides wurde von avantgarde-fixierten Architektur- und Feuilletonzirkeln verstärkt. Es war bemerkenswert, wie diese schon früh unisono den Entwurf des Hotel Adlon zur *architectura non grata* erklärten und mit einer Häme überschütteten, die ein großes Maß an Verunsicherung und Realitätsverlust offenbarte. Während der Bau am Pariser Platz seiner Vollendung entgegenging, wurde es merklich ruhiger, gewann spürbar die Überzeugung an Boden, daß die Gestalt des Adlon ein ernstzunehmender, weitgehend gelungener Versuch ist, mehr vom historischen Vokabular in die Gegenwart zu tragen.

Die Wiederbelebung von Bautraditionen ist durchaus zeitgemäß. Andere europäische Hauptstädte haben schon vor Jahren damit begonnen. Die Briten ergänzten die Londoner National Gallery am Trafalgar Square um einen moderaten Anbau mit klassizistischen Elementen. Schräg gegenüber entstand ein vollkommen neues Bürohaus, dem die rekonstruierte Fassade des Vorgängerbaus von 1879 vorgeblendet wurde. An vielen Stellen Londons werden Baulücken mit Häusern geschlossen, die auf den ersten Blick kaum als Neubauten zu erkennen sind. In Paris wurden schon 1975 die historischen Senatsgebäude stilverwandt erweitert, zur gleichen Zeit strenge Vorschriften für den Ensembleschutz der Stadt erlassen, die beispielsweise auf den Champs-Elysées Glas- und Spiegelfassaden verbieten. Nur einzelne *grands projets* wurden davon befreit. In der Brüsseler Innenstadt bebaute man jüngst die jahrzehntelange Brache Carrefour de l'Europe mit traditionellen Backsteinhäusern, in einem benachbarten Viertel wurde ein Hochhaus aus den sechziger Jahren abgerissen und durch ein Ensemble aus klassischen Stadthäusern ersetzt. Selbst das größte Neubauprojekt auf Manhattan, das Riverside Development, wird sich im vertrauten Gewand der zwanziger und dreißiger Jahre präsentieren.

Berlin kann nur gewinnen, wenn es in Zukunft alle Möglichkeiten heutigen Städtebaus nutzt. Dazu gehört der gezielte Abriß kapitaler Fehlplanungen der Nachkriegszeit ebenso wie eine Rekonstruktion verlorener, raumprägender Gebäude, wie es das Stadtschloß oder die Bauakademie waren. Dazu gehört eine spektakuläre Downtown am Alexanderplatz ebenso wie eine stilgerechte Ergänzung des Scheunenviertels. Exponierte, avantgardistische Bauwerke wie das Jüdische Museum oder das Kaufhaus »Galeries Lafayette« gehören als Ausnahmen ebenso dazu wie das, was Berlin am meisten fehlt: eine bessere Architektur für das alltägliche Stadthaus, eine Fassadensprache, die der Tradition verpflichtet ist und doch unverkennbar ins Heute gehört, die Detail und Ornament bietet, ohne in den Kitsch abzugleiten, die gefällt, ohne gefällig zu sein.

Das Ende 1996 vorgestellte »Planwerk Innenstadt« der Senatsverwaltung für Stadtentwicklung hat deutlich gemacht, wieviel Platz trotz der immensen Bauleistungen der letzten Jahre immer noch in dieser Stadt ist, wieviel Leere darauf wartet, wieder Stadt zu werden. Mit seinem Konzept, Verkehrsschneisen zurückzubauen, die Innenstadt kleinteilig zu verdichten und als Ort großstädtischen Wohnens zu entwickeln, ist es der beste Gesamtentwurf für Berlin seit dem stadtprägenden Hobrecht-Plan von 1862. Es ist ein hoffnungsvolles und zeitgemäßes Projekt zu Beginn des neuen Jahrhunderts, in dem Berlin alle Chancen hat, auch städtebaulich in den Kreis der begehrten europäischen Großstädte zurückzufinden.

Die Standorte

1	Nikolaiviertel	Seite 14
2	Molkenmarkt	16
3	Fischerinsel	18
4	Petristraße	20
5	Panorama Märkisches Ufer	22
6	Marienkirche	24
7	Börse	26
8	Alexanderplatz	28
9	Spreeinsel	30
10	Berliner Schloß	32
11	Schinkelplatz	34
12	Werderscher Markt	36
13	Unter den Linden	38
14	Unter den Linden und Friedrichstraße	40
15	Friedrichstraße	42
16	Gendarmenmarkt	44
17	Spittelmarkt	46
18	Panorama Siegessäule	48
19	Platz der Republik	50
20	Reichstag	52
21	Pariser Platz und Reichstag	54
22	Pariser Platz	56
23	Hotel Adlon	58
24	Wilhelmstraße	60
25	Wilhelmplatz	62
26	Checkpoint Charlie	64
27	Mehringplatz	66
28	Leipziger Platz	68
29	Leipziger Platz und Potsdamer Platz	70
30	Potsdamer Platz	72
31	Kulturforum	74
32	Tauentzienstraße	76
33	Kurfürstendamm	78
34	Ku'damm-Eck	80
35	Synagoge Fasanenstraße	82
36	Adenauerplatz	84

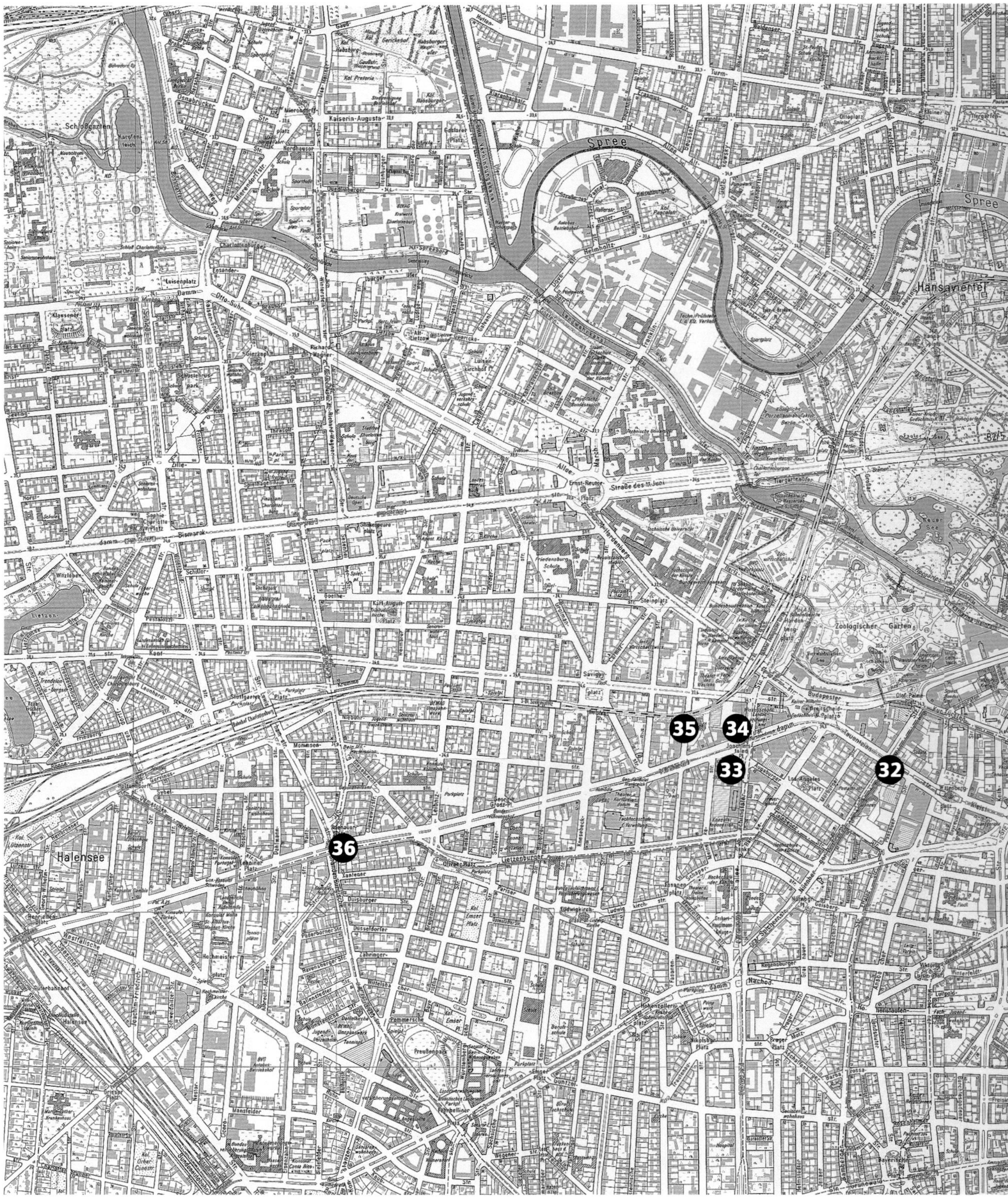

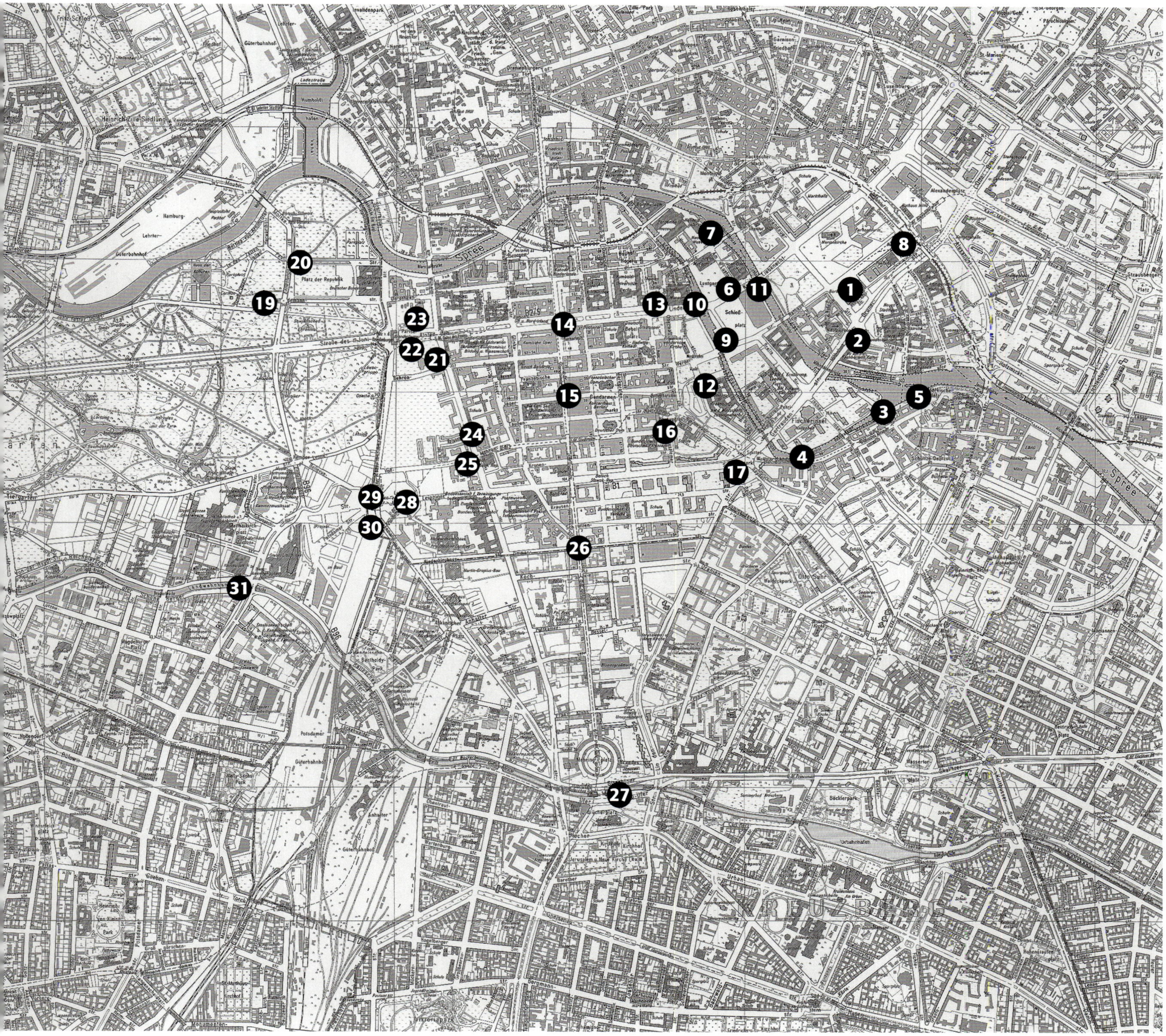

1
2
3
4
5
6
7
8
9
10
11
12
13
14
15
16
17
19
20
21
22
23
24
25
26
27
28
29
30
31
Spree

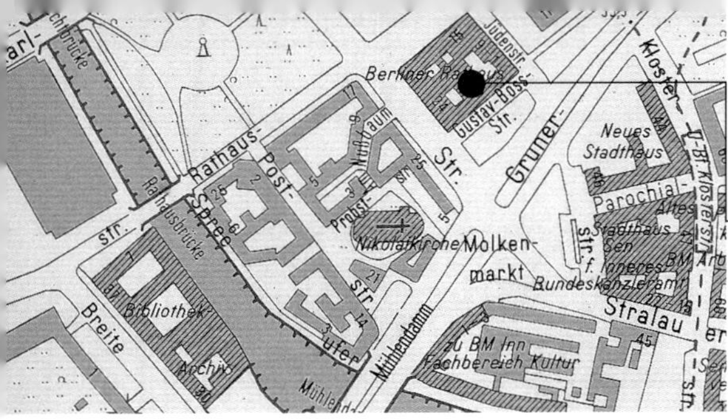

NIKOLAIVIERTEL

1

Die Nikolaikirche ist die älteste Kirche Berlins. Sie wurde im 13. Jahrhundert gebaut und war der Mittelpunkt der ersten Siedlung an der Spree. Bis zum Zweiten Weltkrieg befand sich hier der älteste Stadtteil von Berlin. Das Foto aus dem Jahre 1898 wurde vom Turm des Berliner Rathauses aufgenommen (1). Zu diesem Zeitpunkt hatte nur einer der beiden Türme der Nikolaikirche eine Spitzhaube. Links erkennt man den Molkenmarkt. Nur etwa ein Drittel der Bebauung überstand den Krieg, die Trümmer wurden abgeräumt. In manchen Nachkriegsplanungen der DDR kam das Nikolaiviertel überhaupt nicht mehr vor. Jahrzehnte lag das Areal um die ausgebrannte Kirche brach, wie das Foto aus den siebziger Jahren zeigt (2).

2

Mit Blick auf die 750-Jahr-Feier Berlins interessierte man sich wieder für den Gründungsort der Stadt. Den Wettbewerb zum Wiederaufbau 1978/79 gewann ein Architektenteam um Günter Stahn. Sein Konzept markierte eine positive Wende im Städtebau der DDR (3). So integrierte er die verbliebenen Häuser in eine historisierende Neubebauung, die sich eng an den alten Straßengrundriß und Charakter des Viertels anlehnt. Ein Teil der Häuser direkt an der Nikolaikirche sind Rekonstruktionen, andere sind frei nachempfundene Barockhäuser. Hinzu kamen Repliken einzelner Gebäude, die früher an anderer Stelle abgetragen worden waren, wie das Ephraimpalais (das Eckhaus oberhalb des Kirchendaches). Wegen der Verbreiterung des Mühlendammes in den dreißiger Jahren steht es heute weiter rechts als früher. Die Hälfte des Nikolaiviertels bilden dagegen historisierende Plattenbauten, die recht grob und zu einheitlich geraten sind. Heute ist das Nikolaiviertel der einzige Ort, an dem man etwas von der ehemals dichten Bebauung im früheren Herzen der Stadt nachempfinden kann; daher ist es durchaus beliebt. Dennoch bleibt das Viertel seltsam isoliert: Auf der einen Seite fließt die Spree, auf zwei Seiten verlaufen mehrspurige Straßen, auf der vierten Seite schließlich tritt man auf eine überdimensionierte Freifläche (nicht im Bild). Der Kontrast zum zweiten historischen Siedlungskern Berlins könnte nicht größer sein: Im Hintergrund erkennt man die Fischerinsel mit den Wohnhochhäusern aus den sechziger Jahren.

3

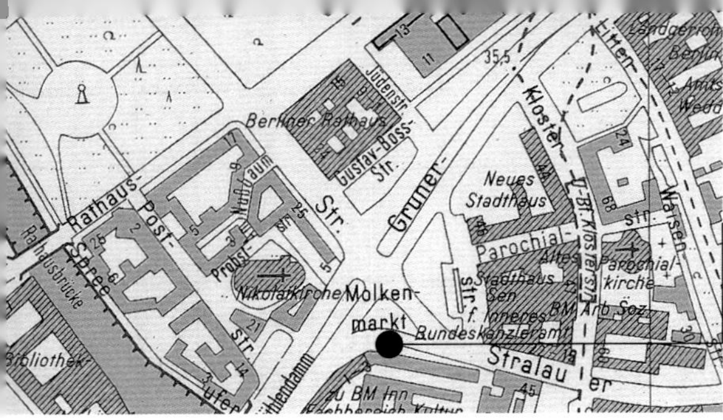

Molkenmarkt

1

3

2

Der Molkenmarkt hieß ursprünglich Alter Markt und war der älteste Marktplatz Berlins. Die Aufnahme aus dem Jahre 1885 zeigt noch mehrere Häuser aus der Mitte des 19. Jahrhunderts und im Hintergrund das Berliner Rathaus von 1869, das wegen der verwendeten Ziegel auch heute noch Rotes Rathaus genannt wird (1). In der Gründerzeit wurden hier – wie fast überall in der Stadt – die meisten Gebäude durch fünfgeschossige Geschäftshäuser ersetzt. Im Jahre 1925 hatte der Verkehr deutlich zugenommen und mußte sich auf diesem Abschnitt der Spandauer Straße wie durch ein Nadelöhr zwängen (2). Deshalb gab es schon Anfang der dreißiger Jahre Pläne, die rechte Straßenfront zurückzusetzen und mit einer dynamisch geschwunge-

4

5

nen Bebauung neu zu fassen (3). Aufnahme 4 zeigt das beschädigte Rathaus. Das Stadtviertel um den Molkenmarkt wurde zu etwa zwei Dritteln zerstört. Erst im Vorfeld der 750-Jahr-Feier Berlins rückte es wieder ins Zentrum städtebaulicher Planungen. Im Jahre 1984 befinden sich Teile des neuen Nikolaiviertels im Rohbau (5). Das Foto der heutigen Situation verdeutlicht den Verlust an städtischer Dichte und die isolierte Lage des Nikolaiviertels (6). An dieser Stelle haben die nachempfundenen Barockhäuser keinen Bezug zur Vorkriegsbebauung. Die von links nach rechts verlaufende Straßenfolge Mühlendamm und Grunerstraße war nach dem Krieg als wichtige Verkehrsachse sechsspurig durch das ehemals dichte Quartier geführt worden.

6

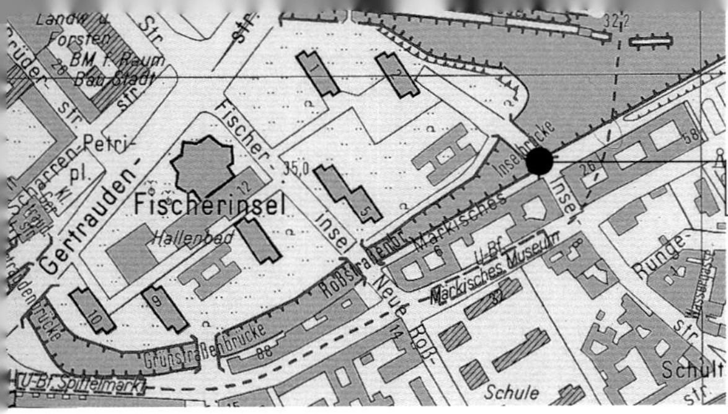

FISCHERINSEL

Berlin entstand aus der Doppelstadt Berlin und Cölln. Neben dem Siedlungskern Berlins rund um die Nikolaikirche war auch das Zentrum Cöllns auf der Fischerinsel bis zum Zweiten Weltkrieg in seiner mittelalterlichen Struktur erhalten. Die Aufnahme aus dem Jahre 1920 zeigt die Friedrichsgracht zwischen der Insel- und der Roßstraßenbrücke (1). Etwa ein Drittel der Häuser überstand den Krieg. Trotz vorliegender Rekonstruktionspläne, die sich an der Vorkriegs-Bebauung orientierten, wurde hier Tabula rasa gemacht. Die Neubebauung folgte den Prinzipien des Städtebaus der sechziger Jahre. Sie war 1973 abgeschlossen und besteht aus sechs einundzwanziggeschossigen Wohnhochhäusern inmitten begrünter Freiflächen. Im Bild 2 sind vor den neuen Hochhäusern noch Reste der alten Bebauung zu sehen. Kurze Zeit später waren auch diese verschwunden.

Nichts erinnert heute daran, daß auf dieser Insel einer der Siedlungskerne Berlins lag (3). Bisher hat niemand gewagt, den Abriß dieser kapitalen Fehlplanung zu fordern. Im Rahmen des »Planwerk Innenstadt« des Senators für Stadtentwicklung entstanden allerdings Pläne für eine Nachverdichtung der Insel entlang den ursprünglichen Gassen und Uferstraßen (4)

1

2

3

4

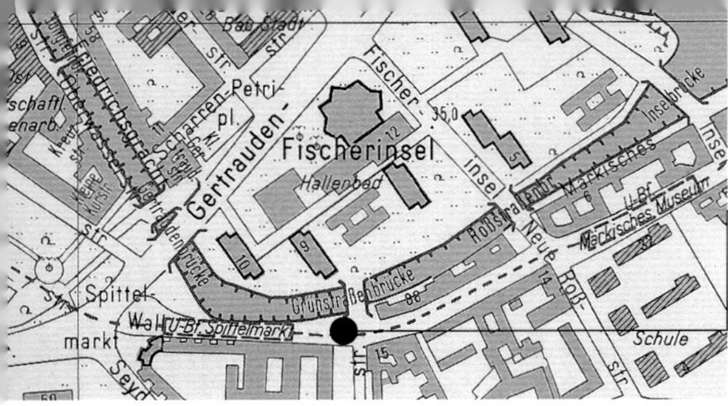

PETRISTRASSE

1

2

Die Petristraße war eine von mehreren parallel verlaufenden Gassen von der Friedrichsgracht zur Gertraudenstraße. Die Aufnahme aus dem Jahre 1880 läßt eine dichte Bebauung aus zwei- bis viergeschossigen Häusern erkennen (1). Besonders reizvoll wirkten sich die leichten Biegungen der Straße aus. Die Aufnahme unmittelbar nach dem Krieg zeigt die zwar beschädigte, aber noch vorhandene Substanz (2). Wie auf den vorhergehenden Seiten beschrieben, wurden alle Reste der ursprünglichen Bebauung beseitigt und sechs Hochhäuser an ihre Stelle gesetzt. Die jüngste Aufnahme zeigt den Blick von der Friedrichsgracht nach Norden, wo in etwa die frühere Petristraße verlief (3).

3

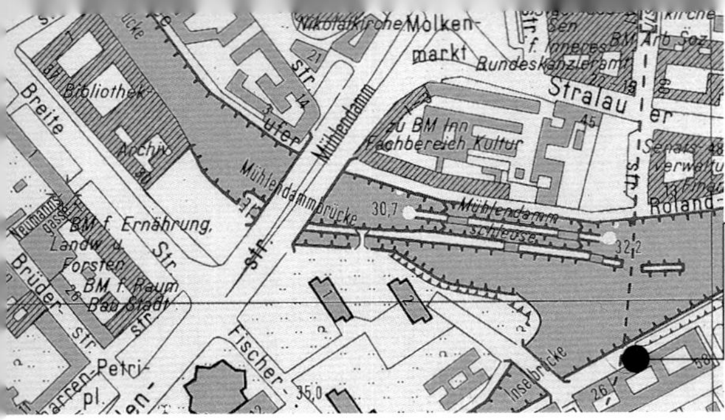

PANORAMA MÄRKISCHES UFER

1

2

Auf einer der ältesten Fotografien Berlins aus dem Jahre 1855 blickt man vom Märkischen Ufer über Waisenbrücke und Spree in Richtung Innenstadt (1). Ganz links im Hintergrund sieht man die Südspitze der Fischerinsel, in der Bildmitte die Schloßkuppel und weiter rechts die damals einzige Spitzhaube der Nikolaikirche. Auf der Ansicht zu Beginn des Jahrhunderts sind die Domkuppel und der zweite Turm der Nikolaikirche sowie ganz rechts das Berliner Rathaus hinzugekommen. Der Mühlendamm als Verbindung zwischen dem Kern Berlins um die Nikolaikirche und Cölln auf der Fischerinsel ist immer noch überbaut (2). Die heutige Ansicht ist völlig verändert. In der Bildmitte sieht man die 1939 in Betrieb genommene Mühlendamm-Schleuse. Auf der Fischerinsel stehen Wohnhochhäuser, die Schloßkuppel fehlt, statt dessen erkennt man im Hintergrund das weiß-schwarze Internationale Handelszentrum am Bahnhof Friedrichstraße. Ganz rechts ragen der überkuppelte Turm des Stadthauses und der Fernsehturm aus der Bebauung. Am Rolandufer haben Gebäude aus den dreißiger Jahren die frühere kleinteilige Bebauung verdrängt (3).

3

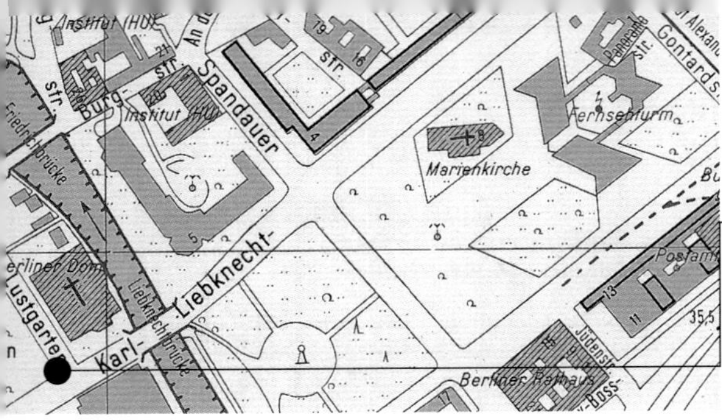

Marienkirche

1

2

Wie die Nikolaikirche war auch die Marienkirche ursprünglich dicht von Häusern umstanden. Der Kernbau wurde Ende des 13. Jahrhunderts errichtet, der Turmaufsatz erst 1790 von Carl Gotthard Langhans ergänzt. Im Jahre 1866 war die Kirche vom Lustgarten aus kaum zu sehen. Ein Flügel des Stadtschlosses, die sogenannte Schloßapotheke aus der Renaissance, versperrte den Blick (1). Auf dem Bild von 1899 ist zu erkennen, daß ein Teil dieses Flügels zugunsten eines Straßendurchbruchs zur Marienkirche abgerissen worden war. Von der Kaiser-Wilhelm-Brücke schaut man nach Osten in die Kaiser-Wilhelm-Straße (heute Liebknechtbrücke und -straße).

Die prachtvollen Häuser links und rechts gehörten zu den ersten neobarocken Geschäftsbauten in Berlin (2).

Der Krieg verschonte die Marienkirche, zerstörte aber die meisten Häuser im Umkreis. 1946 waren die Trümmer abgeräumt, die Proportionen der Vorkriegsbebauung aber noch zu erkennen (3).

Im Zuge der sozialistischen Umgestaltung der Stadtmitte wurden die restlichen Häuser abgerissen. Rund um die Marienkirche entstand eine große Freifläche, von zwölfgeschossigen Plattenbauten begrenzt. Seit 1969 steht hier der Fernsehturm, im Herzen der Stadt völlig deplaziert. In der Aufnahme vom Sommer 1995 erkennt man am linken

3

Bildrand das ehemalige Palast-Hotel und heutige SAS Radisson Plaza Hotel (das einem Neubau weichen soll), hinter der Marienkirche das Forum-Hotel und ganz rechts den Palast der Republik aus dem Jahre 1973 (4). Wenn der preisgekrönte Masterplan von Hans Kollhoff umgesetzt wird, entsteht am Alexanderplatz eine Skyline, die die Ansicht erneut verändert.

4

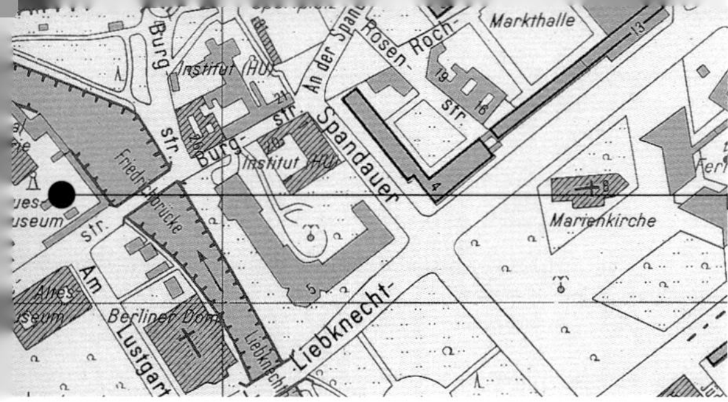

Börse

1

3

Am Standort der Börse befand sich ursprünglich eines der im heutigen Stadtbild fast ganz verschwundenen barocken Stadtpalais. Der jüdische Bankier Itzig ließ es 1728 erbauen. Die Aufnahme 1 entstand im Jahre 1857. Ausgerechnet sein Urenkel Friedrich Hitzig entwarf die prachtvolle Börse, die seit 1863 an gleicher Stelle stand. Die Aufnahme von 1880 zeigt den Blick von der Museumsinsel über die Friedrichsbrücke (2).
Die Fassade des im Krieg schwer getroffenen Gebäudes war im Jahre 1947 noch zu einem Großteil erhalten (3), wurde aber 1958 gesprengt.

2

4

5

1979 errichtete die DDR in Zusammenarbeit mit einer schwedischen Firma das Palast-Hotel, ein Devisenhaus für ausländische Besucher und Geschäftsleute, das nach der Wende zum SAS Radisson Plaza wurde. Im Hintergrund erkennt man eine zwölfgeschossige Wohnbebauung aus den späten sechziger Jahren, die Spitze der Marienkirche und dahinter den Fernsehturm (4).
Ende 1995 wurde mit dem Abbruch des unwirtschaftlichen Hotels begonnen. Auf dem linken Teil des Grundstücks, dem ehemaligen Standort der Börse, entstand ein Büro- und Geschäftshaus, das entfernt an die historischen Vorgängerbauten erinnert (5). Rechts davon ist ein neues Hotel geplant, das das Grundstück besser ausnutzt.

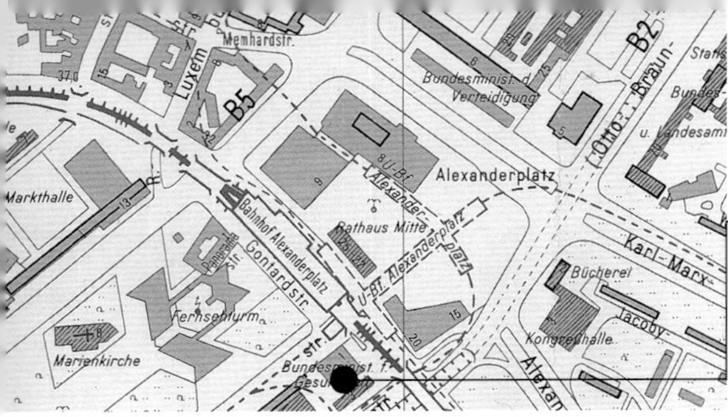

ALEXANDERPLATZ

Der Alexanderplatz erhielt seinen Namen 1805 zum Besuch des Zaren Alexander I. Ende des 19. Jahrhunderts wurde er der wichtigste Verkehrsknotenpunkt am östlichen Rand des Berliner Zentrums – und ist es bis heute geblieben. Im Laufe seiner Geschichte hat er immer wieder grundlegende Umgestaltungen erfahren.
Auf dem Foto von 1912 erkennt man in der Mitte das Warenhaus Tietz mit dem überdachten Innenhof (1). Den Wettbewerb zur einheitlichen Neugestaltung des Platzes im Jahre 1929 gewannen die Gebrüder Hans und Wassili Luckhardt. Doch begann man noch im gleichen Jahr mit der Realisierung der Pläne des zweitplazierten Peter Behrens. Wegen der Wirtschaftskrise blieb es bei nur zwei Geschäftshäusern am Bahnhof Alexanderplatz, die auf dem Foto von 1935 im Vordergrund zu sehen sind: links das Berolinahaus, rechts das Alexanderhaus (2). Sie stehen bis heute, das größere wurde 1996 renoviert.
Nach dem Krieg wurden die Trümmer abgeräumt und das gesamte Areal in den sechziger Jahren mit uniformen Häuserriegeln großräumig neubebaut. An der Nordseite entstanden die Kaufhalle und das 123 Meter hohe Interhotel Stadt Berlin. Die übrigen Seiten des Platzes gingen in die neuen achtspurigen Verkehrsadern über (3).
Nach der Wende herrschte weitgehend Einigkeit, daß diese Ödnis wieder

1

2

3

verdichtet werden müsse. Der preisgekrönte Masterplan von Hans Kollhoff aus dem Jahre 1994 bewahrt neben den beiden Behrens-Bauten nur wenig der bestehenden Bausubstanz (4). Der Entwurf nimmt das alte Straßenmuster wieder auf, sieht dazwischen zehngeschossige Geschäfts- und Büroblocks vor, denen dreizehn Hochhäuser entwachsen. Sie sollen auch Wohnungen enthalten. So hofft man, aus dem zugigen, zerklüfteten Areal wieder eine belebte »downtown« zu machen. In der Mitte des Platzes ist ein riesiges begehbares »Glasauge« geplant, das einen Blick in den Bereich unter dem Platz ermöglicht, wo sich drei U-Bahn-Linien kreuzen. Der Alexanderplatz ist der einzige Ort innerhalb des weiteren Zentrumsbereiches, an dem der Berliner Senat eine Massierung von Hochhäusern erlaubt. Das Modell zeigt Kollhoffs ursprünglichen Masterplan, der nach und nach von verschiedenen Architekten umgesetzt werden soll. Im gültigen Bebauungsplan ist die Zahl der Türme von dreizehn auf zehn reduziert worden.

4

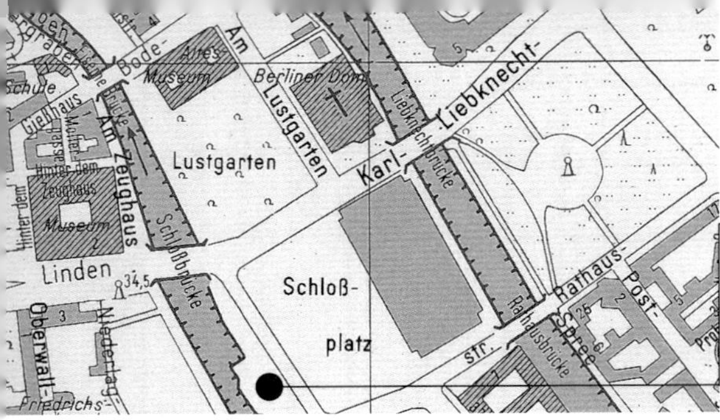

Spreeinsel

1

3

2

Das städtebauliche Herz des alten Berlin und zugleich Bindeglied zwischen Altstadt und barocker Friedrichstadt war das Stadtschloß. In der Renaissance begonnen, haben es die preußischen Könige von führenden Baumeistern der Zeit immer wieder umbauen und erweitern lassen, zuletzt durch die Kuppel im Jahre 1853. Wilhelm II. ließ an der Stelle des alten Domes ab 1894 durch Julius Raschdorff einen neuen, sehr viel größeren erbauen, der die Hauptkirche des deutschen Protestantismus werden sollte und das Gefüge der Bauwerke am Lustgarten empfindlich störte, wie die Aufnahme aus dem Jahre 1910 zeigt (1).

Auf dem Bild von 1946 erkennt man, daß das Schloß den Krieg trotz einiger Blessuren recht gut überstanden hatte (2). Der Lustgarten zeigt noch das Raster der Nationalsozialisten, das Mitte der dreißiger Jahre die ursprüngliche Grünanlage ersetzt hatte. Das Schloß wurde auf Ulbrichts Befehl trotz öffentlicher Proteste 1950 abgerissen.

Von den zahlreichen Vorschlägen zur Neubebauung zeigt Abbildung 3 den am stärksten sowjetisch inspirierten Entwurf: einen jenseits der Spree plazier-

4

5

ten, hochaufragenden Palast in stalinistischem Klassizismus von Richard Paulick. Schließlich wurde ab 1973 auf den Fundamenten des Stadtschlosses der Palast der Republik als vielfältig nutzbares Haus des Volkes errichtet. Der Vergleich der Aufnahme aus dem Jahre 1991 (4) mit der Ruinenlandschaft zeigt den Verlust an städtischen Räumen und Bausubstanz, vor allem zwischen Palast der Republik und Fernsehturm.
Den städtebaulichen Wettbewerb von 1994 zur Neuordnung der Spreeinsel gewann der damals noch unbekannte Bernd Niebuhr mit einem historisch orientierten Entwurf, der die alten Straßenzüge und Baufluchten wieder herstellt. Wo einst das Stadtschloß stand, schlug er ein modernes Stadthaus etwa in den Abmessungen des Schlosses vor (5). Während über das Volumen eines Neubaus weitgehend Einigkeit herrscht, bleibt die zukünftige Gestalt umstritten: Die Optionen reichen von der Rekonstruktion der Schloßfassade vor einem im Inneren modernen Bau bis zu einer Mischung aus Palast der Republik und Schloß. Eine solche Kombination lag auch dem Beitrag Rob Kriers zur Ideenkonkurrenz des »Tagesspiegel« zugrunde (5). Die sogenannte Schloßkommission hat inzwischen die Rekonstruktion der barocken Fassaden empfohlen.

6

Berliner Schloss

1

Die Lithographie aus dem Jahre 1850 zeigt den Blick über die Schloßbrücke von Karl Friedrich Schinkel. Die Westfassade des Schlosses wird verdeckt durch die sogenannte Schloßfreiheit, eine Reihe von Häusern am Spreeufer (1).
In der Fotografie von 1885 sind sowohl die Kuppel als auch die Marmorfiguren auf der Brücke hinzugekommen (2). Kaiser Wilhelm II. ließ die Häuser abreißen, um die westliche Schloßfassade besser zur Geltung zu bringen (3 – 1895). Das Schloß wurde im Krieg zwar getroffen, kam aber vergleichsweise glimpflich davon. Kurz nach dem Krieg fanden bereits wieder Ausstellungen in den provisorisch instandgesetzten Räumen

2

3

4

6

statt (4 – 1945). Walter Ulbricht befahl die Sprengung des Schlosses, die im Oktober 1950 begann. Es war ihm nicht nur verhaßtes Symbol des Preußentums, sondern stand auch seinen Plänen im Wege, am Ende des Boulevards Unter den Linden einen Aufmarschplatz mit großer Tribüne zu errichten (5 – 1951). An gleicher Stelle entstand ab 1973 der Palast der Republik, der als Haus des Volkes Raum für Freizeitvergnügen und Massenveranstaltungen bot und den Sitzungssaal der Volkskammer enthielt. Die Freifläche davor diente vor allem als Park- und Rummelplatz (6 – 1985). Nach dem Fall der Mauer begann eine breite und bis heute anhaltende Diskus-

5

sion um die Zukunft des Platzes im Herzen des wiedervereinigten Berlin. Der eindrucksvollste Beitrag dazu wurde die Attrappe des Stadtschlosses, die im Sommer 1993 allen Berlinern und Besuchern anschaulich vor Augen führte, wie der Schloßkörper dem Stadtraum wieder Halt und Ausstrahlung verleihen könnte (7). Das Projekt ging auf eine

7

Privatinitiative zurück und wurde mit Hilfe von Sponsoren und privaten Förderern verwirklicht. Diese Inszenierung hat die Debatte so nachhaltig beeinflußt, daß ein Neubau in den Abmessungen des Schlosses kaum noch umstritten ist. Die von Bund und Berlin eingesetzte Schloßkommission hat inzwischen die Rekonstruktion der barocken Fassaden empfohlen.

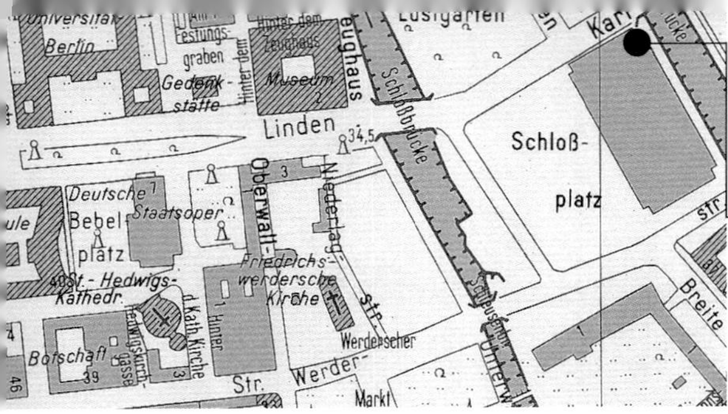

SCHINKELPLATZ

1

Gegenüber dem Berliner Schloß, jenseits der Spree, befand sich ein wenig bekannter, aber reizvoller dreieckiger Platz, der zusammen mit der Bauakademie Karl Friedrich Schinkels entstand. Er hieß ursprünglich Platz an der Bauacademie und wurde 1852 von unterschiedlich hohen Häusern eingefaßt (1).
Auf dem Foto von 1913 haben sich die Gebäudehöhen angeglichen (2). Trotz erheblicher Schäden waren 1945 Bauakademie und Platzrandbebauung noch gut erhalten (3). Doch die DDR plante für die junge Republik rund um

2

3

den früheren Schloßplatz ein neues Forum, das Größe zeigen und Platz für Aufmärsche bieten sollte. Das neue Ministerium für Auswärtige Angelegenheiten wurde 1966 quer über den ehemaligen Schinkelplatz gebaut. Auch die Bauakademie, deren Wiederherstellung bereits fortgeschritten war, mußte weichen (4 – 1991).
Nach dem einhellig begrüßten Abriß des DDR-Außenministeriums 1995 setzte eine Diskussion um die zukünftige Gestalt des wiedergewonnenen Platzes ein. Zunächst wurden im Herbst 1996 die Umrisse der ursprünglichen Platzbebauung durch Rasenflächen markiert, die inzwischen von Baumreihen gesäumt werden. Das Standbild Karl Friedrich Schinkels ist wieder an seinen ursprünglichen Ort in der Mitte des Platzes zurückgekehrt (5). Links von der Kirche der Erweiterungsbau des Auswärtigen Amtes. Obwohl über die Wiederherstellung der alten Gebäudekörper weitgehend Einigkeit herrscht, ist noch offen, wann und in welcher Gestalt eine Neubebauung erfolgen wird. Bisher wurde allein die originalgetreue Rekonstruktion des Kommandantenhauses (in Abbildung 3 ganz rechts) beschlossen.

4

5

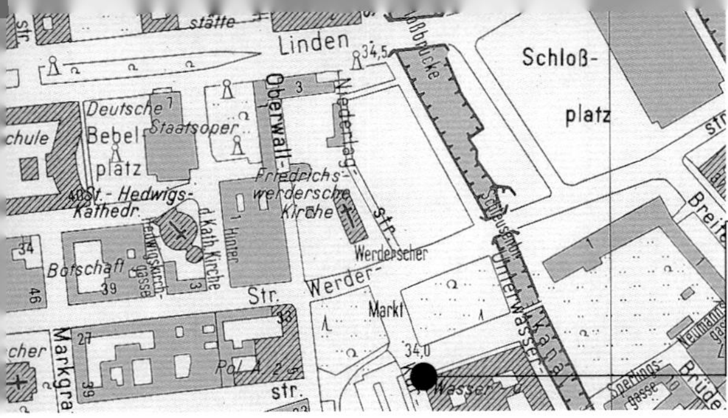

Werderscher Markt

1

2

3

Der Werdersche Markt gehört zu den vielen historischen Plätzen Berlins, die sich im heutigen Stadtbild aufgelöst haben. In der Aufnahme aus dem Jahre 1930 erkennt man die beiden wichtigsten Gebäude am Platz, die von Karl Friedrich Schinkel erbaut wurden: die neogotische Fried-

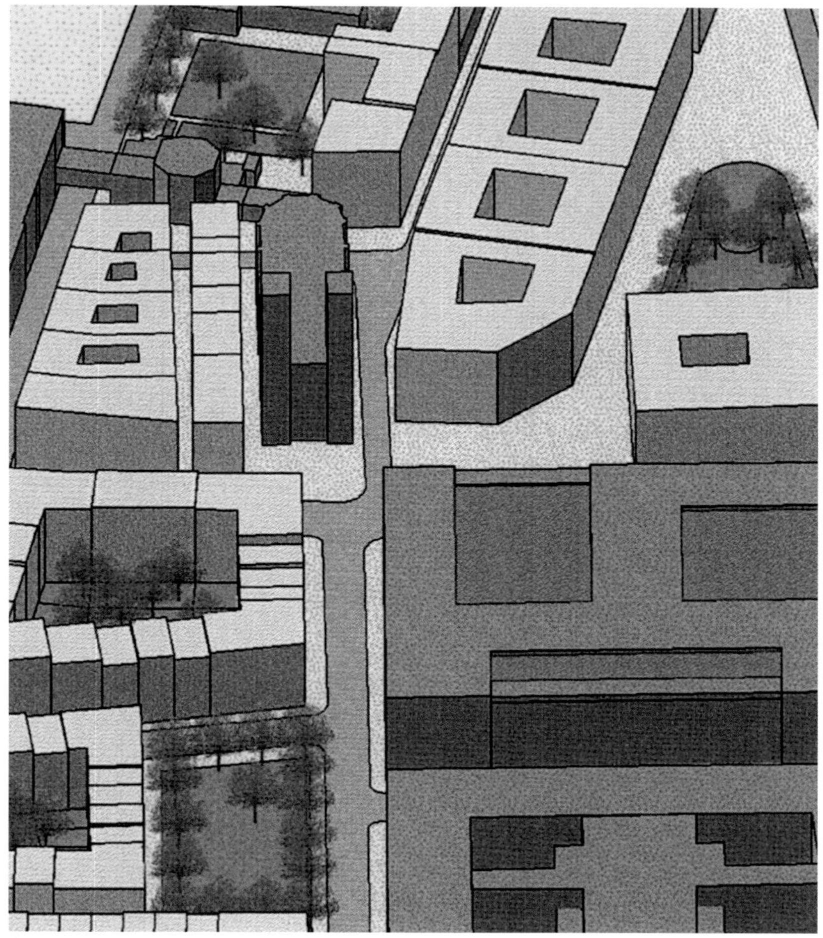

4

richwerdersche Kirche aus dem Jahre 1830 und am rechten Bildrand die Bauakademie, die 1835 vollendet wurde (1). Auch dieser Platz hat mehr unter der Abrißwut gelitten als unter den Bomben des Krieges. Die Aufnahme von 1946 zeigt rechts neben der Kirche das vollständig erhaltene Nachbargebäude und die Außenmauern der Bauakademie (2).
Ihr Wiederaufbau war bereits fortgeschritten, als im Jahre 1960 die Entscheidung fiel, an dieser Stelle das DDR-Außenministerium zu errichten und dafür die verbliebene Bausubstanz abzureißen (3 – 1991).

Die Brutalität dieser Art von »Wiederaufbau« zur Inszenierung der Staatsmacht blieb bis in die Gegenwart so offensichtlich, daß die Demontage des Gebäuderiegels im Herbst 1995 fast ausnahmslos begrüßt wurde. Nicht nur soll die Bauakademie an gleicher Stelle wiedererrichtet, sondern der ursprüngliche Platzraum durch Neubauten zurückgewonnen werden. An der Südseite des Platzes haben Thomas Müller und Ivan Reimann einen Ergänzungsbau für das Auswärtige Amt errichtet, das in das rückwärtige Gebäude der ehemaligen Reichsbank (rechts unten im Anschnitt) eingezogen ist (4).

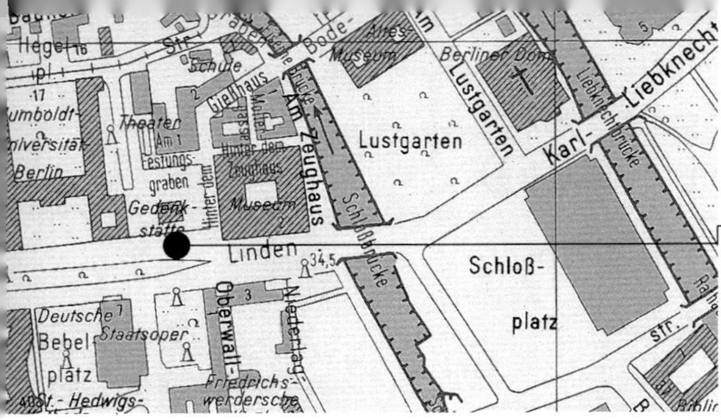

Unter den Linden

1

3

2

Der einstige Reitweg nach Westen zum Tiergarten, dem kurfürstlichen Jagdrevier, wurde nach dem Dreißigjährigen Krieg vom Großen Kurfürsten zu einer sechsreihigen Allee mit Lindenbäumen erweitert. Im 18. Jahrhundert wandelte sich die Allee Unter den Linden zur ersten Prachtstraße Berlins. Der Blick von der Neuen Wache

4

5

in Richtung Stadtschloß gehörte zu ihren repräsentativsten Ansichten. In der Mitte der Aufnahme von 1855 sieht man zwei Barockpalais mit den charakteristischen Mansarddächern (1). Beide wurden später aufgestockt und umgestaltet, das Kommandantenhaus zu Beginn der Linden etwa 1885, das Kronprinzenpalais rechts davon bereits 1857.

Am linken Bildrand ist das Zeughaus zu erkennen. Es ist heute das älteste Gebäude der Linden und beherbergt das Deutsche Historische Museum. Die beiden Statuen aus dem Jahre 1822 stellen im Vordergrund Bülow und dahinter Scharnhorst dar (2 – 1930). Die Bausubstanz am Beginn des Boulevards war auch 1946 noch vorhanden (3).

Das Stadtschloß wurde gesprengt, das äußerlich erhaltene Kommandantenhaus für das Außenministerium der DDR abgerissen, die Ruine des Kronprinzenpalais vollständig abgetragen. Die DDR rekonstruierte es ab 1968, allerdings nur die äußere Gestalt. Bis zur Wende diente das Palais als Gästehaus der Regierung, danach wechselnden Veranstaltungen.

Hier fand die Unterzeichnung des Einigungsvertrags statt (4 – 1995). Nach dem Abriß des Außenministeriums (5) wurde die Anlage des dahinterliegenden Schinkelplatzes wiederhergestellt. Die Bertelsmann-Stiftung wird das Kommandantenhaus äußerlich originalgetreu rekonstruieren.

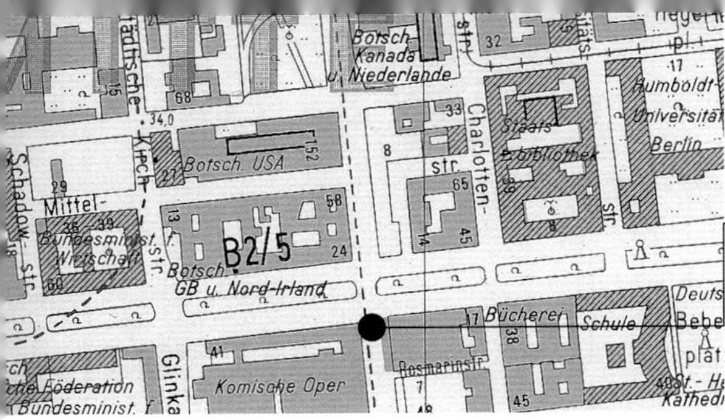

Unter den Linden und Friedrichstrasse

1

3

2

Die prominenteste Straßenkreuzung Berlins war seit der Jahrhundertwende ein beliebter Treffpunkt. Das Foto von 1907 zeigt auf der Nordseite rechts das Café Viktoria, das zusammen mit den Cafés Bauer und Kranzler auf der Südseite der Kreuzung viel Publikum anzog (1).
Das Gebäude auf der linken Seite wurde 1934 durch das Haus der Schweiz ersetzt (2 – 1935). Es überstand den Krieg äußerlich intakt, während vom Café 1946 nur noch Trümmer übrig waren (3).
Die DDR nutzte die Kriegsschäden, um die Gebäudeflucht des neuen Hotel

4

Unter den Linden von der Friedrichstraße abzurücken und damit einen öffentlichen Platz zu schaffen. Im Hintergrund der Aufnahme vom Sommer 1996 erkennt man das Internationale Handelszentrum aus dem Jahre 1978. Auf dem Block hinter der Freifläche errichtete die Dussmann-Gruppe ihre Hauptverwaltung und ein Kultur-Kaufhaus (4).
Nach dem Abriß des Hotels Unter den Linden soll hier ein Neubau entstehen, der die alte Straßenflucht wiederherstellt. Der Entwurf von Steinebach & Weber erinnert entfernt an das Café Viktoria (5). Die Realisierung ist unsicher.

5

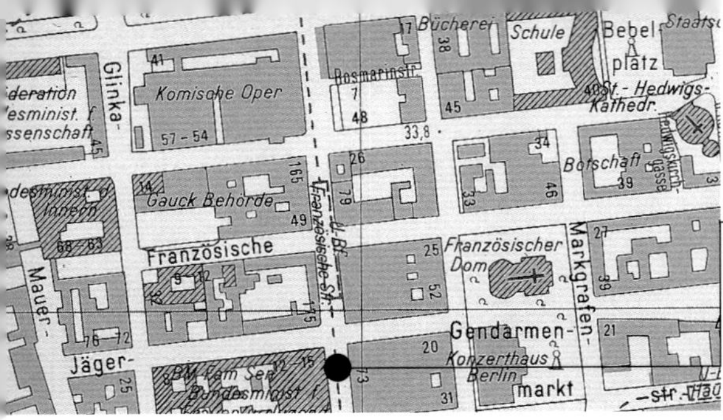

FRIEDRICHSTRASSE

1

2

Die Friedrichstraße war vor dem Krieg sowohl Einkaufsstraße als auch Amüsiermeile. Bei der Aufnahme aus den dreißiger Jahren geht der Blick von der Jägerstraße nach Norden. Gut zu erkennen ist die Verengung der Straße kurz vor den Linden (1). 1946 war hier fast nichts mehr erhalten (2). Nachdem die Friedrichstraße lange Zeit vernachlässigt worden war, entstanden im Zuge der Berliner 750-Jahr-Feier Pläne für ihren Wiederaufbau als attraktivste Meile der DDR. Teile der neuen Gebäude standen bereits im Rohbau, als die Mauer fiel. Das Modellfoto läßt erahnen, wie diese Straßenecke nach den ursprünglichen Planungen ausgesehen hätte, ein Beispiel für die historisierende Postmoderne in der DDR der achtziger Jahre (3). Das gesamte Projekt Friedrichstadtpassagen hätte sich über drei Blöcke erstreckt und zwei Straßen abgeriegelt.
Nach der Wende wurde das Projekt weiterverfolgt, jedoch auf drei separate Blöcke verteilt, die nur unter der Erde durch eine Fußgänger-Passage verbunden sind. Der nördlichste Block, zugleich der spektakulärste, wurde von Jean Nouvel entworfen und zu einem großen Teil von den Galeries Lafayette belegt. Dahinter schließt sich das Projekt Hofgarten an mit einem Geschäftshaus von Hans Kollhoff auf der Straßenecke (4).

3

4

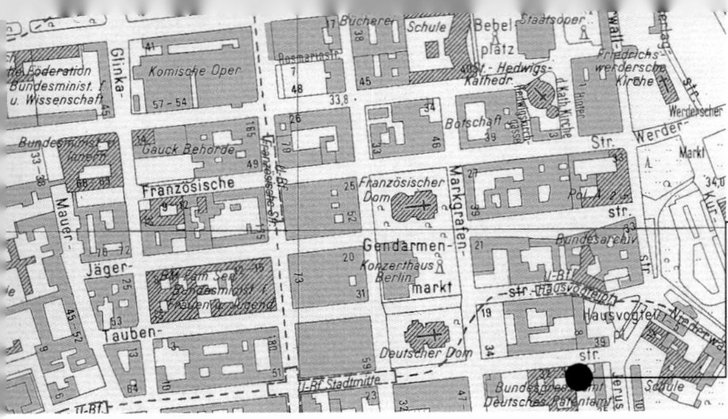

GENDARMENMARKT

1

2

Der Platz erhielt seinen Namen nach dem Regiment Gens d'Armes, dessen Ställe sich ursprünglich hier befanden. Der Hauptmarkt inmitten der Friedrichstadt wurde seit dem Ende des 18. Jahrhunderts zu einem Schmuckplatz ausgebaut; zunächst durch den Französischen Dom als Erweiterung der Französischen Kirche (oben im Bild), später am südlichen Platzende durch den Deutschen Dom. Zwischen beiden erbaute Karl Friedrich Schinkel im Jahre 1821 ein neues Schauspielhaus (1 – 1930).

Daneben ist eine Collage von Ludwig Hilberseimer abgebildet, einem Hauptvertreter des Bauhaus. 1926 entwarf er die Vision einer modernen, geordneten, rationalistischen neuen Innenstadt, die nie verwirklicht wurde (2). Mitte der dreißiger Jahre entfernten die Nationalsozialisten den Platzschmuck und

3

4

planierten die Fläche mit einem quadratischen Muster aus Steinplatten (Abbildung auf S. 9).
Die Friedrichstadt wurde im Krieg schwer getroffen. Am Gendarmenmarkt war nur noch ein Drittel der ehemaligen Randbebauung erhalten (3 – 1963). Seit dem Ende der siebziger Jahre begann die DDR mit dem Wiederaufbau des Schauspielhauses und der Dome. Nach und nach wurden auch die Häuser rings um den Platz mit historisierenden Plattenbauten ergänzt. An der Südseite entstand über die gesamte Platzfront das damalige Dom-Hotel (heute Hilton Hotel). Auf der Südwestecke bedrängt das massige Nachwende-Projekt »Quartier 205« von Oswald Mathias Ungers den Platz, die verbliebene Baulücke an der Südostecke wurde ab 1995 mit drei Häusern im Stil der »Kritischen Rekonstruktion« geschlossen (4).

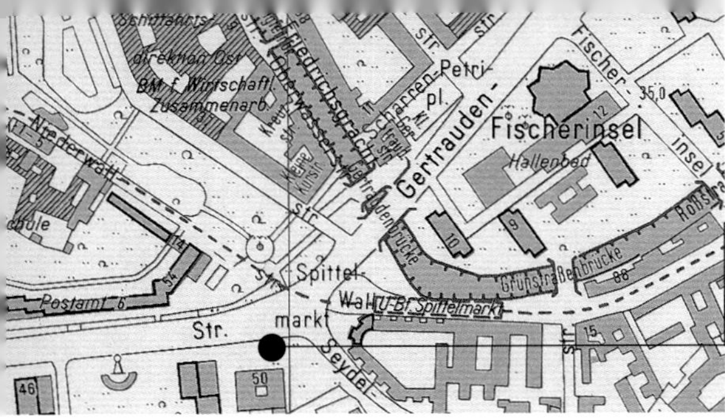

SPITTELMARKT

1

Der Spittelmarkt entstand auf einer ehemaligen Bastionsspitze der barocken Stadtbefestigung. Vor dem Krieg liefen hier mehrere Verkehrsstränge zusammen. 1887 blickt man nach Osten, die Leipziger Straße im Rücken. Rechts mündete die Wallstraße, von links kam die Kurstraße (1). Die Häuser aus der Mitte des 19. Jahrhunderts wurden in der Gründerzeit durch opulente Geschäftshäuser ersetzt, die ein Stockwerk höher waren als ihre Vorgänger. Die Platzform blieb unverändert (2 – 1930).
Auch hier hinterließ der Krieg fast nur Ruinen, der Turm der Petrikirche aber stand noch (3). 1966 waren die Trümmer beiseite geräumt. Rechts erkennt man die Reste der Altbauten auf der Fischerinsel (4). Entscheidend für den völligen Verlust des Platzraumes war

2

3

4

der sechsspurige Ausbau der Leipziger Straße in den siebziger Jahren, für die rechts der erhaltenen Gertraudenbrücke eine neue Brücke über die Spree gebaut wurde. Auf der Fischerinsel stehen Wohnhochhäuser aus den sechziger Jahren (5).

Im Rahmen des »Planwerk Innenstadt« des Senators für Stadtentwicklung entstanden Pläne für einen Rückbau der Straße und eine Neueinfassung des Spittelmarktes durch Wohn- und Geschäftshäuser (6).

5

6

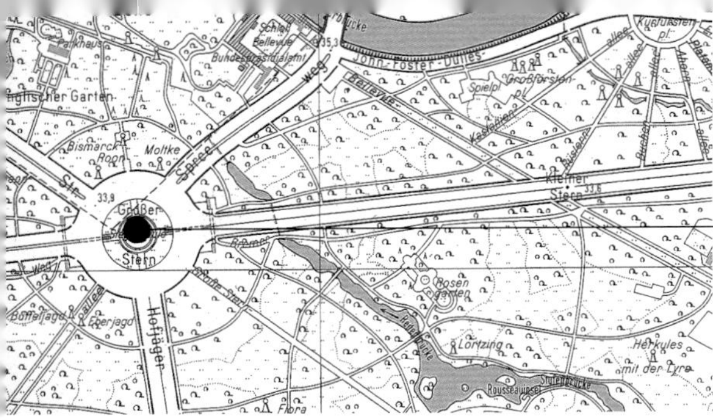

Panorama Siegessäule

Einer der wenigen Standorte, die man durch alle Veränderungen hindurch immer exakt wiederfindet, ist der Aussichtspunkt von der Siegessäule auf der Ost-West-Achse, der heutigen Straße des 17. Juni. Von hier blickt man im Sommer 1939 über das Brandenburger Tor zu Beginn der Linden auf die Silhouette der Innenstadt. Man erkennt (von links nach rechts) den Berliner Dom, davor die Kuppel des großen Lesesaals der Staatsbibliothek, die Auferstehungskirche, den dominanten Turm des Berliner Rathauses und die St. Pius-Kirche, weiter rechts die Schloßkuppel, die Doppeltürme der Nikolaikirche und den überkuppelten Turm des Stadthauses. Im Vordergrund stehen die Kandelaber Albert Speers Spalier (1).
Die Aufnahme darunter zeigt den Zustand 1958. Neben den Zerstörungen erkennt man als markanteste Neulinge in der Silhouette rechts vom Rathaus-Turm die Kopfbauten der Stalinallee am Strausberger Platz. An der Stelle des Stadtschlosses steht die neue Aufmarschtribüne, die Reste des Pariser Platzes sind bereits abgeräumt.

1

2

3

4

Links im Tiergarten erinnert das sowjetische Ehrenmal an die bei der Eroberung Berlins gefallenen Soldaten. Entlang der Straße des 17. Juni reihen sich Peitschenmasten als moderne Straßenbeleuchtung (2).
1988 fallen vor allem die neuen Staatsbauten der DDR ins Auge. Links und rechts vom Brandenburger Tor erkennt man Ministerien und Bürogebäude zu Beginn der Linden, an deren Ende steht der Palast der Republik aus dem Jahre 1973, rechts davon der Gebäuderiegel des Außenministeriums von 1966. Es wurde 1995 abgerissen (3).
Im Modell der zukünftigen Berliner Innenstadt ist der Blick auf die Türme von Nikolaikirche und Stadthaus wieder frei. Links und rechts des Brandenburger Tores stehen bereits die flachen Häuser Liebermann und Sommer, dahinter markieren ein Geschäftshaus und das Hotel Adlon mit ihren Schrägdächern den Beginn der Linden. Links im Hintergrund erkennt man zwei der geplanten Hochhäuser am Alexanderplatz, die die Wirkung der neuen Skyline rund um den Fernsehturm erahnen lassen (4).

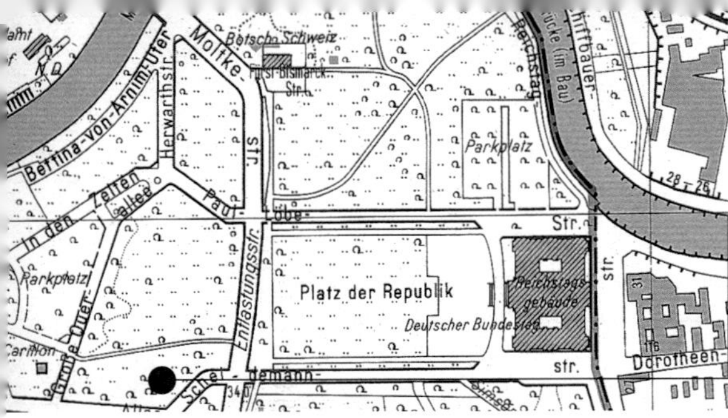

Platz der Republik

1

Der ehemalige Exerzierplatz in der Nähe des Brandenburger Tores wurde zum Schmuckplatz umgestaltet, nach und nach umbaut und im Jahre 1864 in Königsplatz umbenannt, 1926 in Platz der Republik. Dominiert wird er vom Reichstagsgebäude, das 1894 vollendet wurde. Es gehört zu den am schlechtesten plazierten Großbauten Berlins, weil es der Innenstadt den Rücken zukehrt. Dadurch wurde das Hauptportal auf der Westfassade fast nie genutzt. Dafür lag dieser Standort ganz in der Nähe des damaligen Regierungsviertels rund um die Wilhelmstraße. Städtebaulichen Halt gab dem Reichstag die übrige Bebauung, im Norden des Platzes das noble Alsenviertel und später im Westen die Kroll-Oper (nicht im Bild). In der Mitte der Platzanlage stand seit 1873 die Siegessäule zur Erinnerung an den Sieg gegen Frankreich (1). Sie wurde 1938 im Zuge der Planungen Albert Speers – um eine Trommel erhöht – auf den Großen Stern an der West-Ost-Achse gestellt. Die Zeichnung darunter zeigt einen Entwurf von Otto Kohtz für ein neues Haus der Parlamentarier aus dem Jahre 1920 (2). Der zerstörte Spreebogen wurde nach dem Krieg – bis auf die Schweizer Gesandtschaft – abgeräumt und für künftige Regierungsbauten freigehalten, der einst kreisförmig gestaltete Platz rechteckig gefaßt. Lange diente er Berliner Hobbyfußballern als Spielwiese, erst mit der häufigeren Nutzung des Reichstags nach dem Fall der Mauer erhielt er eine neue Bepflanzung (3 – 1991). Der städtebauliche Wettbewerb 1993 für das Regierungsviertel im Spreebogen war einer der größten der Architekturgeschichte. 835 eingereichte Entwürfe vertraten die gesamte Bandbreite heutiger Architektur-Auffassungen. Zu den traditionellsten Beiträgen gehörte das städtische Viertel von Leon und Rob Krier, der unkonventionellste stammte von Wolfgang Max Rudorf, der lediglich eine Gedenktafel vorschlug: »An diesem Ort planten die Verantwortlichen

2

3

4

5

Deutschlands die Errichtung ihres neuen Regierungssitzes.« Etwa in der Mitte lagen die Sieger Axel Schultes und Charlotte Frank mit ihrem »Band des Bundes«. Die Mehrheit der Jury glaubte an deren symbolträchtige Botschaft, mit dem gewaltigen Gebäuderiegel könnten Ost und West verbunden werden (4). Das Modell zeigt – von links nach rechts – den Platz für ein öffentliches Bundesforum (Realisierung unwahrscheinlich), das Paul-Löbe-Haus sowie jenseits der Spree das Marie-Elisabeth-Lüders-Haus, beide für Räume des Bundestages. Gegenüber vom Reichstag sollte ein Gebäude für den Bundesrat entstehen. Doch er bezog im Sommer 2000 das ehemalige Preußische Herrenhaus. Links (5) die realisierten Gebäude im Frühjahr 2002.

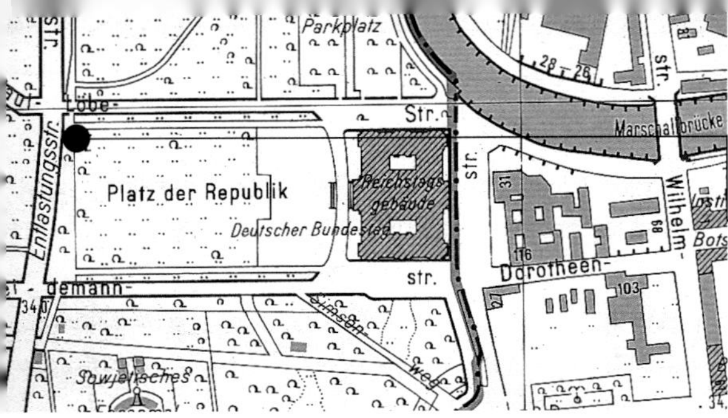

REICHSTAG

1

2

Dem Neubau des Reichstagsgebäudes mußte das Palais des Grafen Raczynski weichen (1 – 1876). Am Wettbewerb beteiligten sich auch Kayser und von Großheim mit einem eleganten Entwurf, der aber nur einen der drei zweiten Preise erhielt (2). Preisgekrönt wurde Paul Wallots Entwurf im Stil der italienischen Hochrenaissance, mit dessen Bau 1884 begonnen wurde. Für die eindrucksvolle Kuppel bediente er sich der damals neuesten Konstruktions-Technik. Sie sollte die Bedeutung des demokratischen Parlaments unterstreichen. Die Reichstagskuppel wurde deshalb vom Kaiser als Konkurrenz zur Schloßkuppel beargwöhnt (3 – 1907). Platznot führte schon in den zwanziger Jahren zu Erweiterungsplänen. Die Zeichnung aus dem Jahre 1929 zeigt einen Vorschlag von Karl Wach (4).

Weite Teile im Innern des Gebäudes fielen dem Kampf um Berlin zum Opfer, die Kuppel schmolz im Feuersturm und stürzte später teilweise ein (5).

Paul Baumgarten wurde 1960 mit der Herrichtung des Gebäudes als Berliner Sitz des Bundestages beauftragt; eine unglückliche Wahl, denn Baumgarten mochte den alten Reichstag nicht. Er ließ Teile des äußeren Gebäudeschmucks entfernen, das Innere versuchte er mit hellen, rationalistischen Elementen zu »demokratisieren«. Das Ergebnis galt als nicht besonders gelungen (6 – 1964).

Im Brennpunkt der Öffentlichkeit stand der Reichstag wieder bei den Feiern zur Deutschen Einheit und im Sommer 1995, als ihn die Künstler Christo und Jeanne-Claude für drei Wochen verhüllten (7).

Nach Plänen des britischen Architekten Lord Norman Foster wurde der Reichstag zunächst weitgehend entkernt und dann

3

4

5

7

6

8

zum Sitz des Deutschen Bundestages ausgebaut. Um die Kuppel wurde lange gestritten. Kritiker staatlichen Pathos' lehnten eine Kuppel generell ab, andere wünschten sich die ursprüngliche Wallot-Kuppel zurück. Auf Druck der Parlamentarier entwarf Foster gegen seinen Willen eine moderne Kuppel: leicht, transparent und über eine spiralförmige Rampe auch für Besucher begehbar (8). Sie machte den Reichstag in kurzer Zeit zur meistbesuchten Sehenswürdigkeit Berlins.

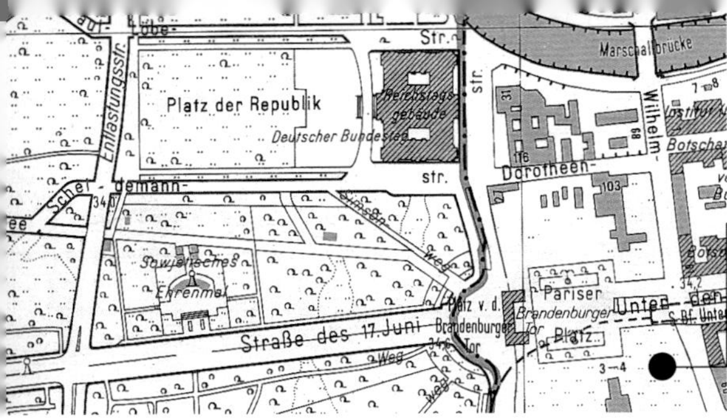

Pariser Platz und Reichstag

1

3

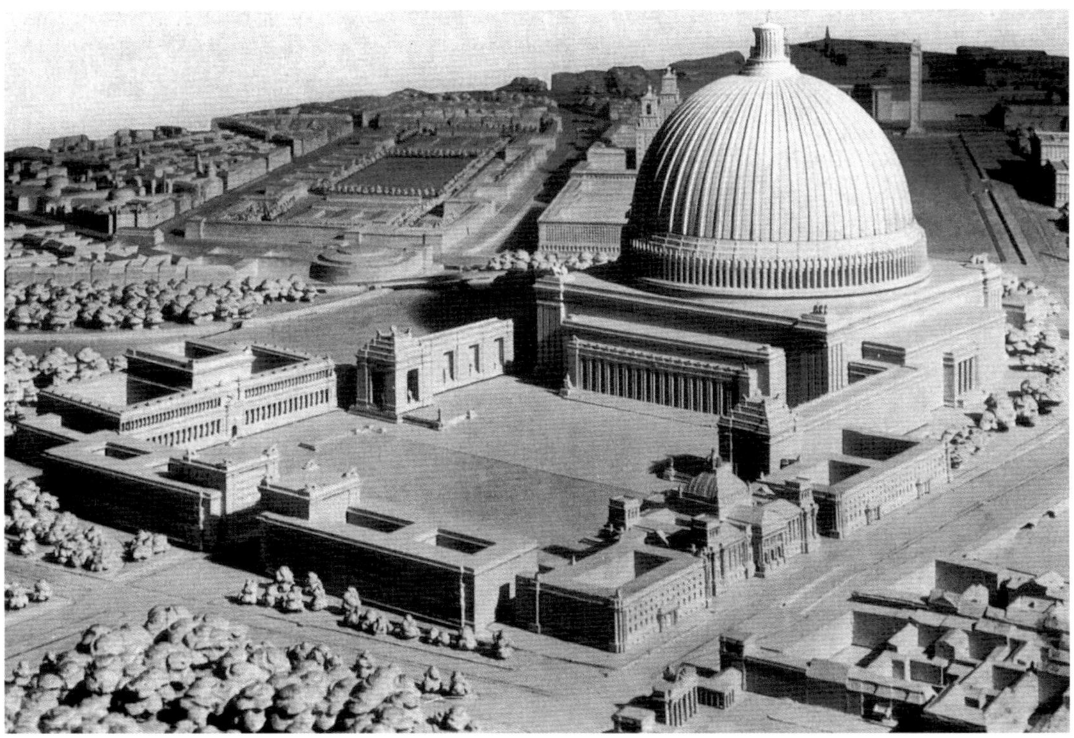

2

Auch in der Aufnahme aus dem Jahre 1937 von Südosten erkennt man die unglückliche Ausrichtung des Reichstags (1). Im Rahmen der Germania-Pläne Albert Speers sollte der Spreebogen zur neuen Stadtkrone ausgebaut werden, als Kulminations- und Angelpunkt der Nord-Süd-Achse. Gerade im Vergleich zu Reichstag und Brandenburger Tor werden die gigantischen Ausmaße der Gebäude deutlich. Die Große Halle sollte 200.000 Menschen fassen, der Scheitelpunkt ihrer Kuppel wäre mit 320 Metern fast so hoch wie die Spitze des Fernsehturms am Alexanderplatz geworden. Am linken Bildrand erkennt man das geplante Führer-Palais (2). Erste Abrißarbeiten in der Nähe des Reichstags hatten bereits begonnen. Im Krieg wurde der gesamte Spreebogen schwer zerstört (3 – 1946).

4

5

Durch die Teilung Deutschlands wurde die Grenze zwischen den Bezirken Mitte und Tiergarten zum Mauerstreifen zwischen zwei Systemen. Er verlief genau zwischen Brandenburger Tor im Ostteil und dem Reichstag im Westteil der Stadt. Die DDR ließ die Trümmer rund um das Brandenburger Tor abräumen, genauso wie im Westen die Reste des Alsenviertels eingeebnet und der Spreebogen begrünt wurden. So blieb das Areal unverändert bis zum Fall der Mauer (4). Bald setzte sich die Überzeugung durch, den Pariser Platz und den Dorotheenblock nördlich davon wieder in den alten Baumassen aufzubauen.

Zunächst wurden die beiden Rabatten mit den Fontänen auf dem Pariser Platz rekonstruiert. Wenig später begannen gewaltige Bauarbeiten für die neuen Parlamentsbauten und den Nord-Süd-Tunnel, der den Platz der Republik und die Spree unterqueren wird (5). Am Pariser Platz werden unter anderem die amerikanische und französische Botschaft auf ihren angestammten Platz zurückkehren. In unmittelbarer Nähe zum Reichstag beiderseits der Spree die neuen Bürogebäude für den Deutschen Bundestag (6). Links im Bild ist das neue Kanzleramt zu erkennen.

6

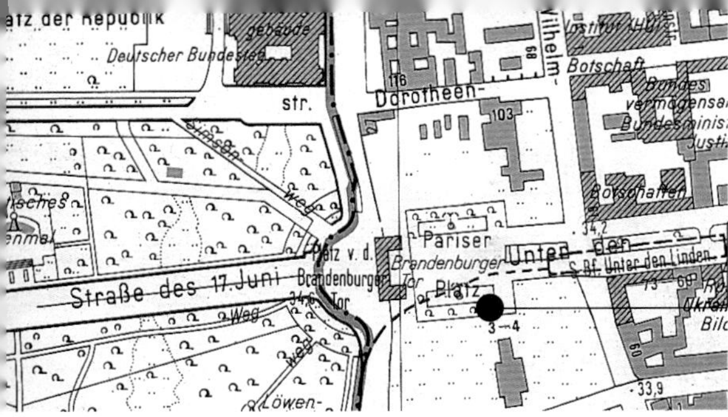

Pariser Platz

1

2

Der Pariser Platz war der eleganteste unter den Plätzen, die vor den verschiedenen Berliner Stadttoren entstanden. Die erste Bebauung stammte aus den dreißiger Jahren des 18. Jahrhunderts. Durch ähnlich gestaltete Stadtpalais wurde eine einheitliche Platzwirkung erzielt. Die »Lindenrolle« von 1820 zeigt an der Nordwest-Ecke das Palais Neuendorf (1). Seit 1791 dominierte den Platz das klassizistische Brandenburger Tor von Carl Gotthard Langhans. Der neue Besitzer des Palais Neuendorf, der Zimmermeister Carl August Sommer, ließ die Eckbebauung vom Schinkel-Schüler August Stüler 1846 um ein Stockwerk erhöhen und mit neuen Fassaden verkleiden. Hinzu kam ein markanter Turm.

3

4

5

In der Aufnahme von 1875 sind diese Veränderungen dokumentiert (2). Das Haus direkt neben dem Brandenburger Tor gehörte inzwischen dem Kaufmann Louis Liebermann, später wird es Wohnsitz und Atelier seines Sohnes Max, des Berliner Malers. Der rechte Teil des ehemaligen Palais Sommer wurde im Jahre 1904 abgerissen, dort entstand das neobarocke Palais Friedländer-Fueld. Ganz rechts schließt sich die französische Botschaft an (3 – 1906).
Die Nordwest-Ecke des Platzes wurde im Krieg vollkommen zerstört (4 – 1946). Die DDR ließ die Ruinen um das Brandenburger Tor abtragen. Nach der Wende rekonstruierte man zunächst die Rabatten und Fontänen (5 – 1993). Für die Neubebauung in den alten Volumina beschloß das Abgeordnetenhaus eine Gestaltungssatzung, die einen bestimmten Steinanteil für alle Fassaden festschreibt sowie Vorgaben über den Palais-Charakter der Neubauten macht. Sie werden bei annähernd gleicher Höhe ein Stockwerk mehr haben als die früheren Gebäude. Das Haus Liebermann kehrte in einer mehrfach überarbeiteten, modernen Interpretation von Josef Paul Kleihues zurück, daneben entwarf Bernhard Winking ein Bürohaus, angrenzend entstand die Berliner Niederlassung der Dresdner Bank nach einem Entwurf des Büros von Gerkan, Marg & Partner (6). Daß am Pariser Platz keine der alten Fassaden rekonstruiert wird, ist von Anhängern eines historischen Stadtbildes kritisiert worden.

6

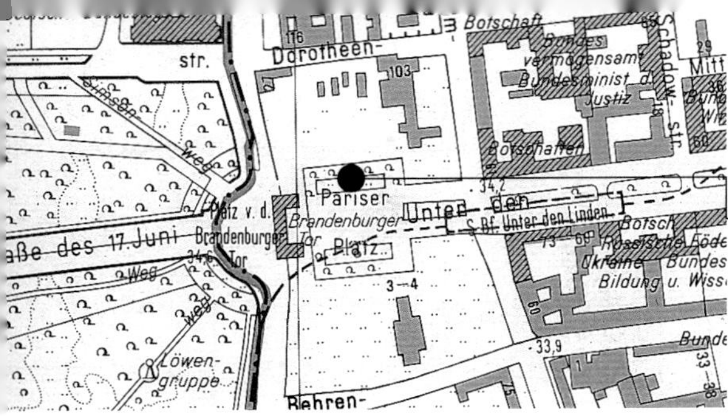

HOTEL ADLON

1

2

An der Südost-Ecke des Pariser Platzes stand ursprünglich das barocke Palais Kamecke (1 – 1822). Im Jahre 1830 baute es Schinkel im Auftrag des Grafen von Redern im Stil der Renaissance um, wobei das Mansarddach zugunsten eines weiteren Stockwerkes verschwand. Rechts schließt die Akademie der Künste an (2). Das Palais Redern wurde 1906 abgerissen für den Bau des Hotels Adlon, mit dem sich der Hotelier Lorenz Adlon seinen Lebenstraum vom luxuriösesten Hotel Berlins erfüllte. Hier verkehrte die Prominenz aus Politik, Wirtschaft und Kultur (3 – 1914). Die Aufnahme von 1947 zeigt das Haupthaus des Hotels bis auf die Außenmauern zerstört (4). Später wurde es – wie die rechts angrenzenden Fassaden – abgetragen. Die Grundstücke blieben bis zum Fall der Mauer unbebaut. Im Hinter-

3

4

5

6

grund der Aufnahme vom Sommer 1995 sieht man das ehemalige Volksbildungsministerium jenseits der Wilhelmstraße, in dem Margot Honecker regierte. 1993 war es für Abgeordnetenbüros des Deutschen Bundestags außen neu verkleidet und innen renoviert worden (5). Am alten Standort des Hotel Adlon entstand ein Neubau von Patzschke, Klotz & Partner, der an das frühere Hotel erinnert. Wegen seiner traditionsorientierten Gestaltung stieß der Entwurf innerhalb der Architektur-Szene auf heftige Kritik. Durch den Zukauf des benachbarten Grundstücks Unter den Linden 75 ist das neue Hotel Adlon hier fast doppelt so lang wie das historische Vorbild (6). Rechts angrenzend wird die Akademie der Künste mit einer umstrittenen, mehrfach überarbeiteten Glasfassade von Günter Behnisch wiedererrichtet.

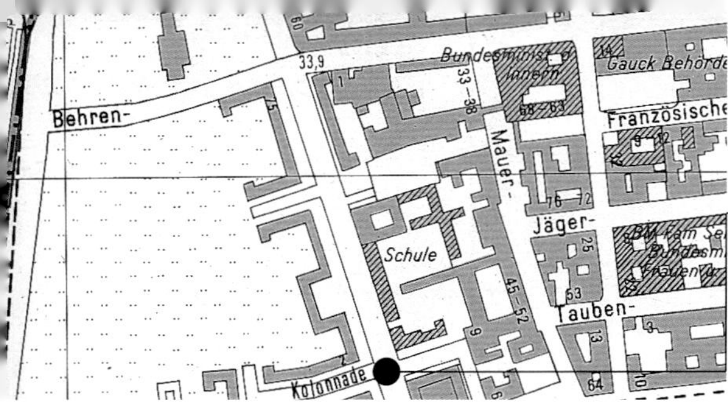

WILHELMSTRASSE

1

Wie Downing Street oder Quai d'Orsay war auch die Wilhelmstraße vor dem Krieg ein Synonym für die große Politik. Hier konzentrierten sich seit Ende des 19. Jahrhunderts zahlreiche Ministerien und Amtssitze der Staatsspitze. Die Aufnahme von 1934 zeigt die Straßenflucht nach Norden auf der Höhe der alten Reichskanzlei (am linken Bildrand). Die Flaggen wehen während der Staatstrauer um Reichspräsident Hindenburg auf halbmast (1).
Nach dem Krieg wurden auch hier von der DDR die Gebäudereste abgetragen (2). Lange Zeit blieb die Straße verwaist, bis die DDR ab 1987 Plattenbauten mit begehrten Wohnungen errichtete, die meist an Staatsdiener oder Botschaftsangehörige vergeben wurden. Die linke Straßenflucht wurde zugunsten eines begrünten Streifens mit Parkplätzen um etwa 15 Meter zurückgesetzt (3).
So sind heute bis auf ganz wenige Ausnahmen nicht nur die alten Gebäude verschwunden, auch der ursprüngliche Straßenraum wurde zerstört. Von den früheren Dienststellen ist nur die britische Botschaft an ihren angestammten Platz – im Bild hinten links, kurz vor der Kreuzung Unter den Linden – zurückgekehrt. Der helle Eckbau ist ein Entwurf von Gustav Peichl und soll eine Seniorenresidenz werden.

2

3

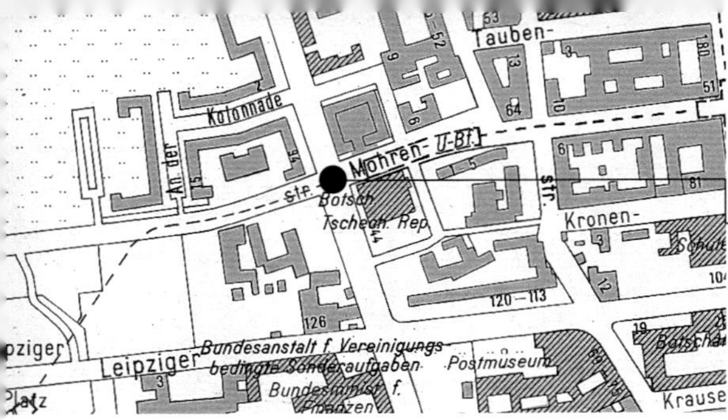

Wilhelmplatz

1

2

3

Auch der Wilhelmplatz, in der Mitte des 18. Jahrhunderts angelegt, gehört zu den verschwundenen Plätzen Berlins; in diesem Fall aber nicht, weil die umgebenden Gebäude fehlen, sondern weil er mit Neubauten zugestellt wurde. 1885 sieht man im Vordergrund einen Teil des rechteckigen Platzes, dahinter den gewaltigen Kubus des Hotels Kaiserhof, bei der Eröffnung im Jahre 1875 das luxuriöseste Hotel Berlins. Gegenüber steht ein niedriger Barockbau (1). In der Aufnahme von 1909 ist dieser dem Palais der Ritterschaft gewichen, das ein ebenbürtiges Gegenüber zum Kaiserhof bildete. Die Grünanlage wurde von der verlängerten Mohrenstraße durchbrochen, die sich um den Eingang zur neuen U-Bahn-Linie gabelt (2). Aufgrund seiner Lage in der Nähe der Reichskanzlei

4

wählte Hitler den Kaiserhof ab 1931 als sein Berliner Dom zil. Wie beim Lustgarten und am Gendarmenmarkt planierten die Nationalsozialisten 1936 auch diesen Schmuckplatz mit Steinplatten und machten aus ihm eine Aufmarschfläche. Der Kaiserhof ging im Krieg unwiederbringlich verloren, das Palais der Ritterschaft konnte als Gästehaus der DDR wieder hergerichtet werden (3 – 1946). Auf dem Foto 4 ist die heutige Situation erkennbar. Anhand der Orientierung am U-Bahn-Eingang vorne rechts und am Palais der Ritterschaft hinten links wird deutlich, wie der Platz unter neuen Gebäuden verschwand: rechts die damalige Botschaft der Tschechoslowakei aus dem Jahre 1978, links ein Teil der Wohn- und Geschäftshäuser entlang der Wilhelmstraße aus den späten achtziger Jahren.

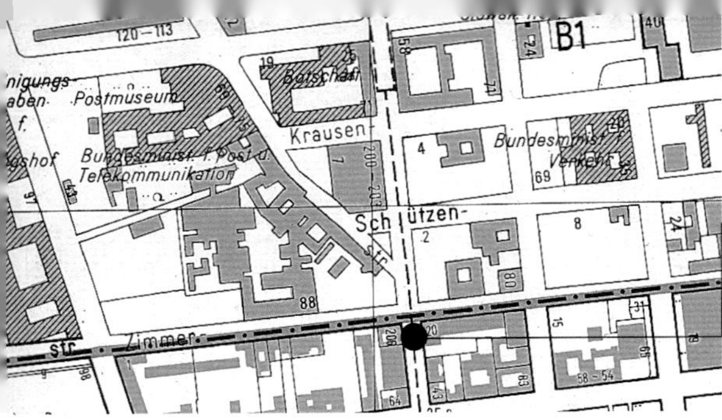

Checkpoint Charlie

1

3

Bevor die Straßenecke unter dem Namen Checkpoint Charlie weltberühmt wurde, handelte es sich hier lediglich um einen Abschnitt der Friedrichstraße, in die links die Mauerstraße einmündete. Diese Ecke markierte ein spitz zulaufendes Geschäftshaus, dessen Reste 1949 noch standen (1). Man blickt nach Norden und erkennt im Hintergrund das Geschäftshaus Friedrichstadt aus dem Jahre 1935, das sich als Konstante durch die weiteren Abbildungen zieht. Als die Mauer errichtet wurde, standen auf dem Areal nur noch vereinzelte Gebäude der Vorkriegszeit. Im Vordergrund haben im Dezember 1961 Soldaten der Volksarmee Aufstellung bezogen (2). Hier war eine der Passierstellen zwischen West- und Ost-Berlin, die alle mit Buchstaben benannt wurden, in diesem Falle mit »C«. Im amerikanischen Alphabet wird »C« als Charlie buchsta-

2

4

6

5

biert. So entstand der Name des Grenzübergangs. In den achtziger Jahren wurde das Areal für die neuen Abfertigungsanlagen freigeräumt (3 – 1986). Nach dem Abriß der Mauer begannen bald die Bauarbeiten für das Business Center am Checkpoint Charlie (4). Auf dem Foto von 1996 erkennt man, wie der ehemalige Grenzbereich wieder mit Häuserblocks gefüllt wird, die die Umrisse der früheren Bebauung aufnehmen. An der Ecke Mauerstraße entstand ein spitz zulaufender Bau von Josef Paul Kleihues, dahinter ein Block des Altmeisters Philip Johnson (5). Um auch in Zukunft an den Checkpoint und die Mauer zu erinnern, sollen Fragmente der Grenzanlagen in einem Neubau ausgestellt werden, der auf dem Grundstück rechts im Bild entsteht. Links ist ein Gegenüber geplant, entworfen von Skidmore, Owings and Merrill (6).

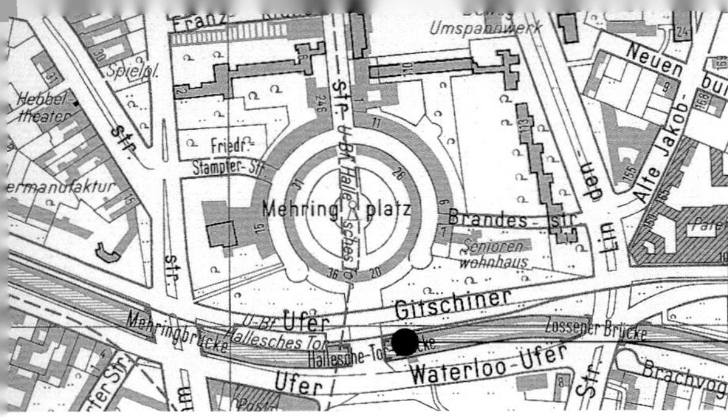

MEHRINGPLATZ

1

2

Der heutige Mehringplatz ist eines der meistzitierten Beispiele für den groben, rücksichtslosen Städtebau der Nachkriegszeit im Westteil Berlins.
Das ursprüngliche Rondell entstand als südlicher Abschluß der barocken Stadterweiterung der Friedrichstadt, kurz vor der Stadtgrenze am Halleschen Tor. Im Gemälde von 1730 ist eine Idealansicht mit einer Randbebauung dargestellt, die niemals so vollendet bestanden hat (1). Dies wird auch deutlich, wenn man die links einmündende Wilhelmstraße mit deren Lage in der Fotografie von 1935 vergleicht (2).

3

4

Auch die Wohnhäuser des 19. Jahrhunderts folgten der Kreisform und gaben dem damaligen Belle-Alliance-Platz einen besonderen Charme. In der Mitte erkennt man die 1843 eingeweihte Friedenssäule.
Die südliche Friedrichstadt gehörte zu den im Krieg am stärksten zerstörten Vierteln Berlins, wie die Luftaufnahme von 1954 zeigt (3). Bereits 1947 wurde der »militaristische« Name Belle-Alliance aus dem Jahre 1815 (nach dem belgischen Ort bei Waterloo) getilgt und der Platz nunmehr nach dem sozialdemokratischen Politiker und Schriftsteller Franz Mehring benannt. Hans Scharoun entwarf 1962 einen Masterplan, den bis auf die Kreisform nichts mit der Vorkriegsbebauung verband. Andere Entwürfe waren noch brutaler. Wilhelm- und Lindenstraße wurden abgeknickt und umgeleitet, um den Verkehr ungehindert fließen zu lassen, und der letzte Abschnitt der Friedrichstraße stillgelegt. Werner Düttmann verschlimmerte die Anlage in seiner Ausführung mit aufgetürmten Wohnblocks nach Norden, die ursprünglich eine Autobahn abriegeln sollten. Doch die wurde nie gebaut (4). Der einst reizvolle Platz ist heute eine provinzielle Sozialbau-Idylle ohne städtisches Leben.

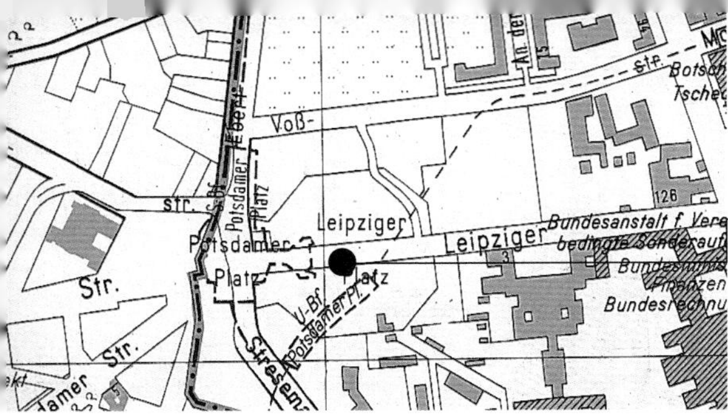

LEIPZIGER PLATZ

Neben dem rechteckigen Pariser Platz und dem runden Belle-Alliance-Platz bildete der Leipziger Platz mit seiner Form eines Oktogons die dritte bedeutende Platzanlage an der alten Stadtgrenze. Er wurde 1734 angelegt. An seiner östlichen Seite stand ursprünglich die englische Gesandtschaft, die später zur türkischen Gesandtschaft wurde (1). An ihre Stelle trat 1904 der Kopfbau des Kaufhauses Wertheim von Alfred Messel, ein Meisterwerk an der Schwelle zur Moderne (2). Die Gebäudefront zur Leipziger Straße war 243 Meter lang. Das Kaufhaus gehörte zu den teuersten der Stadt, 1937 wurde es als

1

2

3

4

5

jüdischer Besitz »arisiert«. Trotz erheblicher Bombenschäden standen die Fassaden des Kaufhauses im Jahre 1945 noch fast unverändert (3). Um einen breiten, leicht einsehbaren Mauerstreifen zu schaffen, mußte das gesamte Areal freigeräumt werden. Die Leipziger Straße wurde zur Sackgasse (4 – 1959). Nach dem Fall der Mauer wurde ein Masterplan für den Leipziger Platz verabschiedet, nach dem das historische Oktogon – um vier Stockwerke erhöht – wieder hergestellt wird. Auf dem ehemaligen Wertheim-Grundstück entsteht ein Neubau von Hilmer-Sattler-Albrecht, links angrenzend wird ein klassisches Geschäftshaus der jungen Berliner Architekten Graetz-Jordi-Nöfer gebaut.

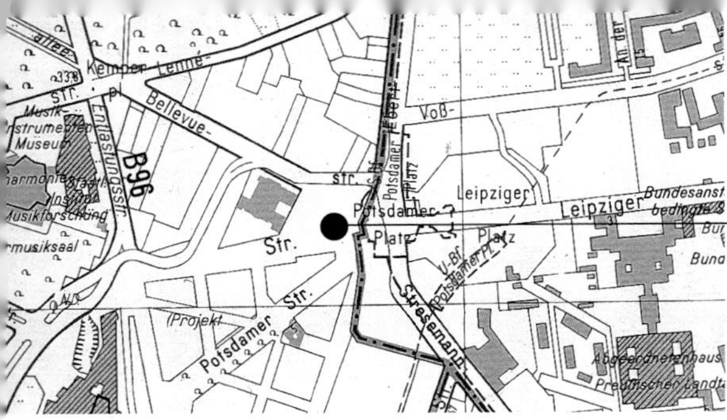

Leipziger Platz und Potsdamer Platz

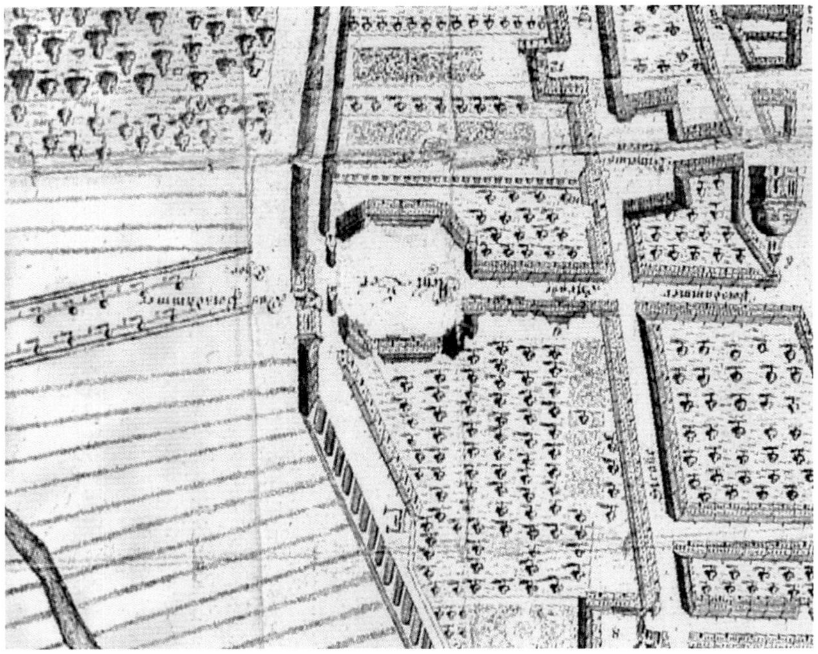
1

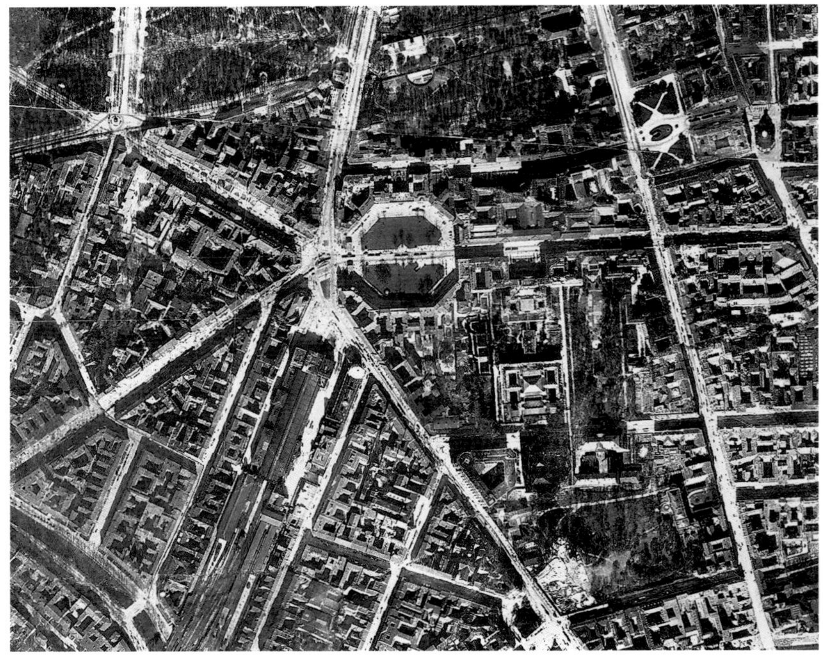
2

An diesem Areal zwischen Innenstadt und westlicher City lassen sich die Veränderungen der Berliner Stadtlandschaft aus der Vogelperspektive exemplarisch ablesen.Die Abbildung 1 zeigt einen Ausschnitt aus dem Stadtplan von Sotzmann aus dem Jahre 1798. Die damalige Stadtgrenze mit dem achteckigen Leipziger Platz ist zu sehen, rechts davon verläuft von oben nach unten die Wilhelmstraße. In der Aufnahme daneben aus dem Jahre 1928 ist das ganze Gebiet mit dichter städtischer Textur zugewachsen. Links unten sieht man einen Teil des Landwehrkanals, weiter rechts den Askanischen Platz (2).

Auf der Abbildung 3 ist ein Ausschnitt aus Albert Speers Plan für die Nord-Süd-Achse zu sehen. Sie führt zunächst durch den Tiergarten, wird flankiert von der Soldatenhalle und dem Reichsmarschallamt, bildet an der Kreuzung mit der Potsdamer Straße den Runden Platz und überquert den Landwehrkanal. Nördlich des achteckigen Leipziger Platzes erkennt man die langgestreckte Neue Reichskanzlei. Der Ausschnitt daneben aus Hans Scharouns Beitrag zum Hauptstadtwettbewerb 1957 verdeutlicht seine fast vollständige Ablehnung des Bestehenden (4). Nur am Oktogon ist der frühere Stadtgrundriß erkennbar, der

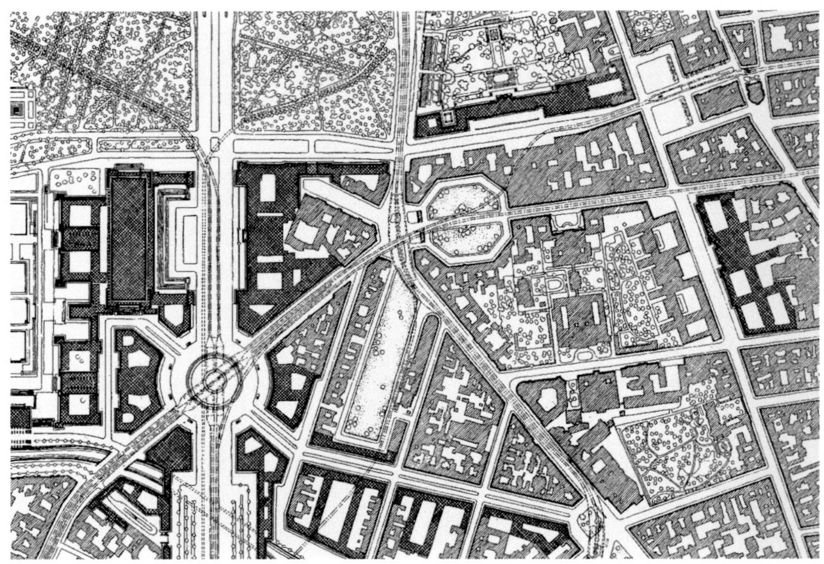
3

5

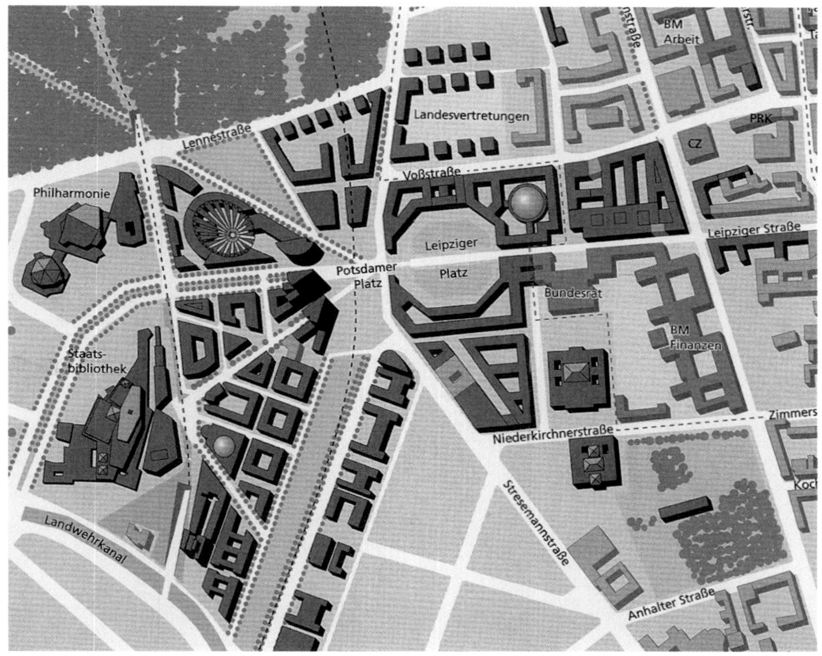

6

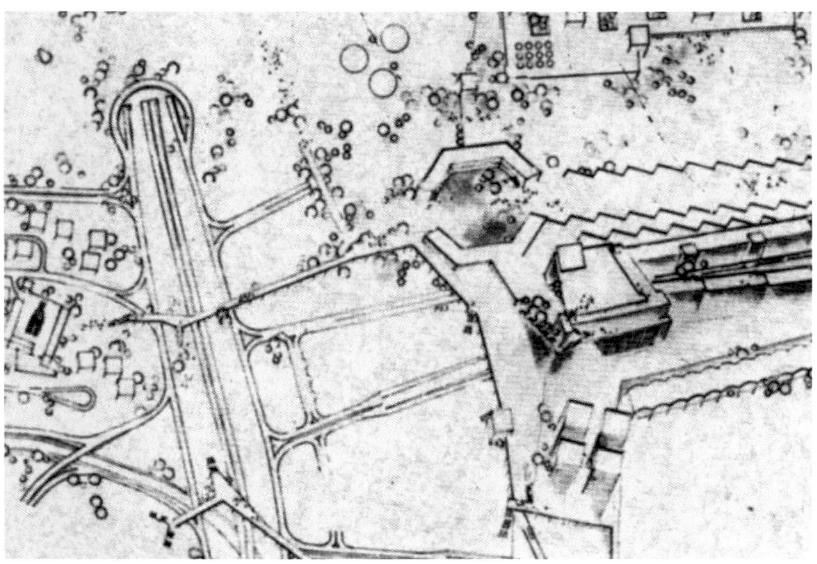

4

Rest wird zu einer Grünlandschaft mit Schnellstraßen und hineingestreuten Gebäudekomplexen. Die Verluste durch Krieg, Abrisse und Mauerbau sieht man im Bild aus dem Jahre 1969 (5).
In der Mitte des oberen Bildrandes beginnend, verläuft die Mauer links am Oktogon vorbei, erst ein wenig abgeknickt, dann waagerecht zwischen dem ehemaligen Preußischen Landtag (im Ostteil) und dem Martin-Gropius-Bau (im Westteil).
Daneben ist die Struktur der zukünftigen Neubebauung zu erkennen, die auf einen Masterplan von Heinz Hilmer und Christoph Sattler zurückgeht (6).

Der alte Straßengrundriß wurde zum Ausgangspunkt für einen neuen Stadtteil aus zahlreichen Blocks, die den Raum in öffentliche Straßen und Innenhöfe aufteilen. Besonders schwierig war die Bebauung des debis-Areals im südwestlichen Abschnitt, das an die abweisende Rückseite der Staatsbibliothek angrenzt. Scharoun hatte den Koloß mitten auf die Alte Potsdamer Straße gesetzt.
Mit einem Musicaltheater als Scharnier hat Renzo Piano das Problem überzeugend gelöst. Obwohl das Areal noch lange nicht fertiggestellt ist, sind die neuen Quartiere von den Menschen überraschend schnell angenommen worden.

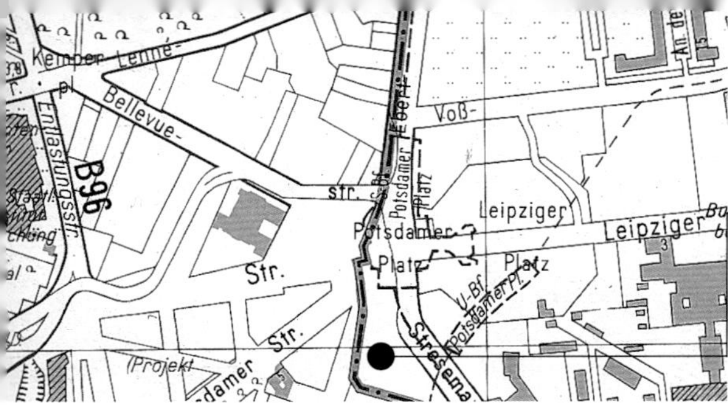

Potsdamer Platz

1

2

3

Der Potsdamer Platz ist eigentlich gar kein Platz. Er ist der Punkt, an dem mehrere Straßen vor dem Leipziger Platz ihren Anfang nehmen, genau an der Grenze zwischen altem Zentrum und neuem Westen, zwischen Ost-Berlin und West-Berlin. Diese wichtige Durchgangsfunktion machte den Potsdamer Platz vor dem Krieg zu einem der verkehrsreichsten in Europa. Der Zustand um 1901: am Bildrand links ein Rest der barocken Bebauung, das Bellevue- und Palast-Hotel und ein klassizistischer Bau ganz rechts (1). Mitte der dreißiger Jahre sind bereits drei der Gebäude durch Neubauten ersetzt worden: das Pschorrhaus zur Linken und das Hotel Fürstenhof zur Rechten, dazwischen das moderne, wegweisende Columbus-Haus von Erich Mendelsohn aus dem Jahre 1932 (2). Es ist das einzige verwirklichte Element viel weitergehender Pläne vom Ende der zwanziger Jahre zur Umgestaltung des gesamten Platzes.

Auch am Potsdamer Platz wurde vieles im Krieg zerstört, doch die Aufnahme von 1945 zeigt den Platzraum noch intakt (3). Da die Mauer quer über den Platz lief, wurden auf beiden Seiten fast alle Reste abgeräumt. Aus dem einstigen Platz mit großstädtischer Verkehrsdichte wurde eine Ödnis, in die sich ab und zu ein paar Touristen verirrten (4 – 1966). Der Fall der Mauer rückte das abgeschriebene Randgebiet schlagartig in die Mitte einer Metropole zurück. Schon nach wenigen Jahren wurden überall Baugruben ausgehoben. Abbildung 5 zeigt den neuen Potsdamer Platz heute. Links außen entstanden drei neue Hochhäuser: Von Renzo Pianos Bau sieht man die Glasspitze, von Hans Kollhoffs Klinkerbau die schmale Stirnseite, von Helmut Jahns SONY-Center den Turm mit der gebogenen Glasfassade. Rechts im Bild steht der Rohbau eines weiteren Hochhauses von Hans Kollhoff, dem in der Bildmitte ein gleich hoher Neubau von Hilmer-Sattler-Albrecht folgen wird. Dort soll u.a. ein Ritz-Carlton-Hotel einziehen.

Das niedrigere Bürogebäude im Hintergrund markiert den Übergang zum Tiergarten.

4

5

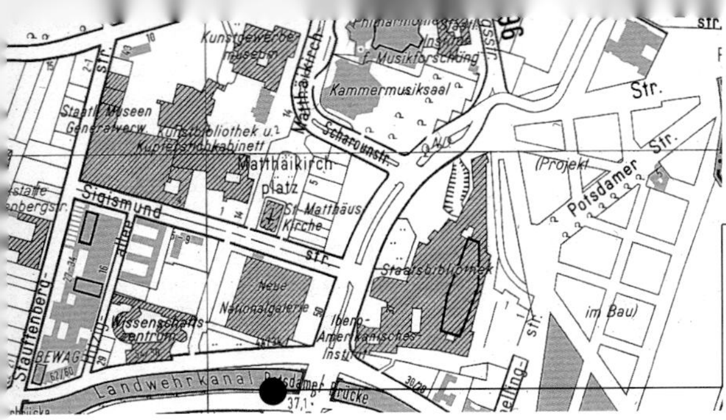

Kulturforum

1

2

Das 1960 mit der Philharmonie Hans Scharouns optimistisch begonnene Forum der Kultur, bewußt an die Nahtstelle zwischen beiden Stadthälften plaziert, gilt heute weitgehend als mißlungen. Ohne erkennbaren Zusammenhang stehen einzelne Bauwerke – von der berühmten Neuen Nationalgalerie Ludwig Mies van der Rohes bis zum abweisenden Kunstgewerbemuseum – inmitten einer zugigen Ödnis, die jeder nach dem Kunstgenuß so schnell wie möglich wieder verläßt.
Die Matthäikirche – jeweils am linken Bildrand – ist das einzige Gebäude, das die unterschiedlichen Phasen der Zerstörung auf diesem Areal überstanden hat. Sie war ursprünglich von einer dichten Wohnhausbebauung umgeben.
Das gesamte Viertel hätte Albert Speers Nord-Süd-Achse weichen müssen, hier wäre unter anderem der Runde Platz entstanden (1).
1938 hatten die ersten Abbrucharbeiten begonnen, 1940 wurde das Haus des Fremdenverkehrs fertiggestellt. Es blieb das einzige realisierte Gebäude der Nord-Süd-Achse. 1945 steht es mit seiner geschwungenen Fassade inmitten von Ruinen (2).
Ende der fünfziger Jahre wurde das Viertel als Standort der Kultur ausersehen. Als erster Neubau entstand ab 1960 die Philharmonie, bis heute Scharouns am meisten gefeiertes Bauwerk. Für das gesamte Kulturforum entwarf

3

4

er einen Masterplan nach den Prinzipien der aufgelockerten Stadtlandschaft, in der Solitäre zwanglos gruppiert werden. Bis auf die Matthäikirche wurden alle verbliebenen Altbauten abgetragen, im Jahre 1962 auch das Haus des Fremdenverkehrs. (3).

Im Jahre 1965 folgte die Neue Nationalgalerie. Die Potsdamer Straße erhielt einen neuen Verlauf (4).

1967 setzte Scharoun die Staatsbibliothek mitten auf die Alte Potsdamer Straße, manche behaupten, um symbolisch die alte Reichsstraße von Aachen nach Königsberg zu kappen. Mit dem riesigen Gebäude wollte er zugleich das Kulturforum gegen eine damals geplante, rückwärtige Stadtautobahn abschirmen. Die Wirkung dieses Stadtteils hat sich erneut verändert, seit östlich der Neubaukomplex Potsdamer Platz emporgewachsen ist (5).

5

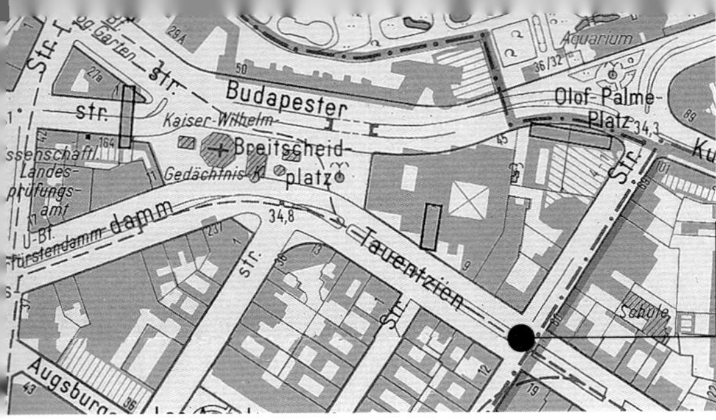

TAUENTZIENSTRASSE

1

2

An einem Sommertag des Jahres 1906 blickt man über den Mittelstreifen der Tauentzienstraße auf das Wahrzeichen des damals eleganten neuen Westens, die Kaiser-Wilhelm-Gedächtniskirche aus dem Jahre 1895. Das Foto spiegelt noch die Ausstrahlung des privilegierten, ruhigen Wohnviertels (1).

Das Bild aus dem Jahre 1930 zeigt die neue Straßenbahnlinie auf dem Mittelstreifen und erste Anzeichen von Geschäftsleben (2).

3

Auch hier hinterließ der Krieg schwere Verwüstungen (3).
Wie an vielen anderen Stellen der Stadt kreisten die ersten Ideen zum Wiederaufbau der Kirche nicht um die Annäherung an den alten Zustand, sondern um zeitgenössische Lösungen. Nach langen Diskussionen entschied man sich für eine Mischung aus Ruine und Neubau. 1963 wurden dem Torso des Kirchturms zwei neue Gebäudeteile von Egon Eiermann zur Seite gestellt. In der jüngsten Aufnahme sieht man vor der Ruine den neuen Turm, dahinter – nicht zu erkennen – steht der flachere Bau mit dem neuen Kirchenraum. Die meisten Gebäude um den einstigen Auguste-Victoria-Platz wurden abgeräumt und durch Geschäftshäuser der Nachkriegsmoderne ersetzt.
Als neue Dominante wurde 1965 das Europacenter errichtet. Die Neubauten entlang der Tauentzienstraße orientieren sich alle an der früheren Traufhöhe. Ganz links ist ein Neubau der Nachwende-Zeit zu sehen, das Kaufhaus Peek & Cloppenburg von Gottfried Böhm (4).

4

KURFÜRSTENDAMM

1

2

Die Aufnahme um die Jahrhundertwende zeigt einen der bekanntesten Abschnitte des Kurfürstendamm, die Kreuzung Joachimsthaler Straße. Im Hintergrund steht die Kaiser-Wilhelm-Gedächtniskirche. Um diese Zeit ist der Kurfürstendamm noch ganz die elegante Hauptmeile des großbürgerlichen neuen Westens (1). In den zwanziger Jahren waren überall bereits Läden eingezogen, immer mehr Büros, Restaurants, Cafés, Theater und Kinos folgten. Bald wurden die markanten Eckgebäude dem Zeitgeschmack entsprechend umgestaltet. Das prachtvolle Gebäude links verlor seinen Stuck, gegenüber verschwand zusätzlich die Kuppel. Die sogenannte Grünfeld-Ecke ganz rechts wurde am stärksten verändert (2). Der Krieg beschädigte die drei Gebäude an der Straßenkreuzung, zerstörte sie aber nicht. Sie wurden, um Dach oder ein paar Stockwerke vermindert, bald wieder genutzt (3). Wenig später begann man auch hier, neue Gebäude an die Stelle der alten zu setzen. Links der Flachbau des neuen Café Kranzler aus dem Jahre 1958 (4). Endgültig vulgarisiert wurde die Kreuzung durch das Ku'damm-Eck von Werner Düttmann aus dem Jahre 1972. Nach dessen Abriß im Jahr 2000 entstand ein Neubau der Hamburger Architekten v. Gerkan, Marg & Partner, der dem Ort wieder ein neues Gesicht (5) gegeben hat (vgl. nächste Seiten).

3

4

5

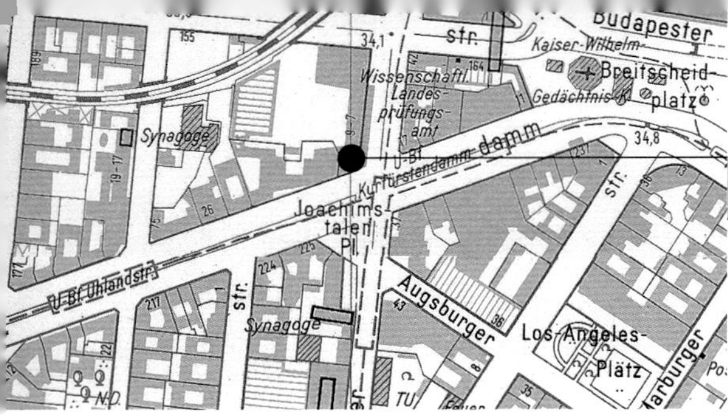

KU'DAMM-ECK

1

2

An der Südost-Ecke von Kurfürstendamm und Joachimsthaler Straße läßt sich im Detail die Wandlung des früher eleganten, großbürgerlichen Boulevards zur populären Bummelmeile im Westen Berlins ablesen. Bereits zu Beginn des Jahrhunderts, als das Wohnen hier immer mehr verdrängt wurde, ist die üppige Stuckfassade von Leuchtreklame-Bändern überzogen (1). Die Textilfirma Grünfeld ließ das Eckhaus 1927 dem Zeitgeschmack entsprechend weiter versachlichen.

3

Es erhielt eine moderne Verkleidung mit einem Kranz von Leuchtröhren als Abschluß. Auch das Innere baute man um (2). Das als Grünfeld-Ecke bekannte Gebäude wurde nach 1933 »arisiert« und im Krieg schwer getroffen (3 – 1946). Man trug die Reste der oberen Geschosse ab, nutzte allerdings bald wieder den unteren Teil für Läden und Büros; unter anderem befand sich hier das Stadtbüro der Fluggesellschaft Pan American (4). Später verschwand auch dieser Rest zugunsten des Ku'damm-Ecks von

4

5

Werner Düttmann aus dem Jahre 1972, dessen besondere Merkmale die bunkerhafte Geschlossenheit und eine große Informationstafel waren (5 – 1988). Der Bau wurde schon zur Eröffnung stark kritisiert und auch später durch das verschachtelte Dickicht von Läden im Innern und das abweisende Äußere nie richtig angenommen.

Das Gebäude wurde 1999 asbestsaniert und danach abgerissen. Nach einem Entwurf des Büros von Gerkan, Marg & Partner entstand hier ein neues Eckgebäude (6).

6

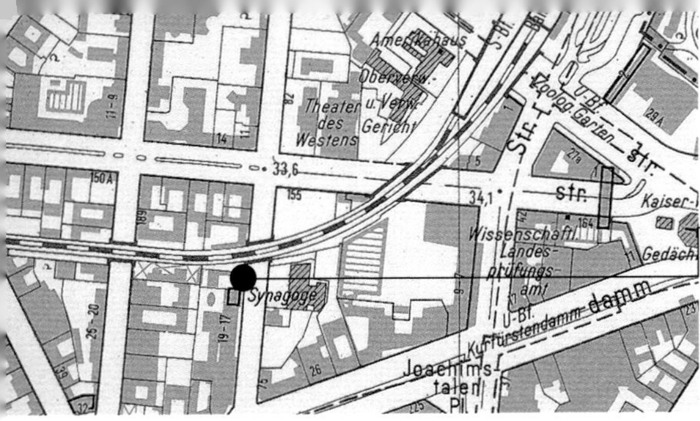

Synagoge Fasanenstrasse

1

2

3

Neben der Synagoge an der Oranienburger Straße im Bezirk Mitte gehörte das 1912 eingeweihte Gemeindehaus an der Fasanenstraße zu den größten und schönsten Synagogen in Berlin. Besonders reizvoll war ein Innenhof, den man durch die Torbögen links vom Haupthaus betrat (1 – 1916). In der Reichspogromnacht vom 9. November 1938 wurde das Gebäude verwüstet, später kamen Kriegsschäden hinzu. Dennoch war der Bau in seiner Substanz bis in die fünfziger Jahre noch erhalten (2). Die Jüdische Gemeinde beschloß 1957 den Abriß der Ruine und einen Neubau, der den modernen Anforderungen der stark dezimierten Gemeinde besser entsprechen sollte. Das neue Gemeindehaus ist von der Straßenfront zurückgesetzt. Lediglich das alte Eingangstor und einige Reste des ursprünglichen Fassadenschmucks wurden in den schlichten Neubau integriert (3).

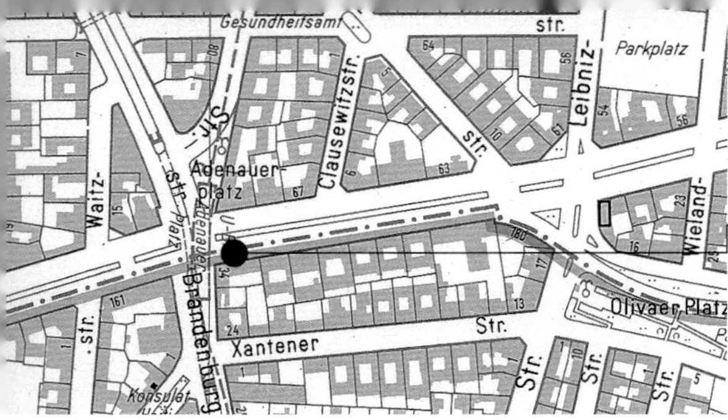

ADENAUERPLATZ

1

Der Adenauerplatz ist eine Nachkriegsschöpfung. Früher war hier lediglich eine Straßenkreuzung des Kurfürstendamms. Auf der Nordseite zweigte die Wilmersdorfer Straße ab, wie in der Aufnahme von 1925 ganz rechts im Bild zu sehen (1). Der pompöse Kuppelaufbau an der Ecke Waitzstraße geht auf eine Order Wilhelms II. zurück, die vorschrieb, daß jedes Eckhaus am Kurfürstendamm von einer Kuppel bekrönt werden müsse. Etwa zwei Drittel der prachtvollen Häuser am berühmten Boulevard wurden im Krieg zerstört. Der Zustand der Häuser Kurfürstendamm Nummer 71 (gut erhalten) und 70 (zerstört) an der Ecke Wilmersdorfer Straße ist 1955 dokumentiert worden (2). Die aktuelle Aufnahme zeigt in der Bildmitte zwei renovierte Altbauten. Der frühere Charakter des Straßenabschnitts wurde nicht nur durch primitive Neubauten an der Waitzstraße verändert. Über das Grundstück Ku'damm Nr. 70 wurde die neuangelegte Lewisham-Straße nach Norden geführt, so daß jahrzehntelang eine Brandwand die Ecke markierte. 1995 baute Helmut Jahn ein extravagantes Bürohaus auf den schmalen Rest des Grundstücks (3).

2

3

Akademie der Künste: 71 (4)
»Album von Berlin«: 22 (2)
»Architekturwettbewerbe 1792-1949«: 52 (2)
The Art Institute of Chicago: 44 (2)
Associated Press: 55 (5), 83 (2)
J. Baruch: 24 (1)
»Berlin. Hauptstadt der DDR. Historische Straßen und Plätze heute«: 4, 18 (2)
Bezirksbauamt: 30 (3)
»Das Berliner Rathaus«: 17 (4)
Brandenburgisches Landesamt für Denkmalpflege, Meßbildarchiv: 56 (3)
Bundesbaugesellschaft Berlin/ Richard Davies: Titel (unten), 53 (8)
»Centralblatt der Bauverwaltung 1929«: 52 (4)
Sammlung Eickemeyer: 16 (2), 20 (2), 46 (2), 49 (3), 53 (5), 77 (3)
»Richard Ermisch. Portrait eines Baumeisters«: 16 (3)
R. Friedrich: 75 (3)
Hanseatica/P. Botev: 57 (6)
Michael Haddenhorst: 33 (7)
Rainer Haubrich: 9 (unten), 10, 17 (6), 21, 23, 25 (4), 27 (4), 39 (4 u. 5), 41 (4), 43 (3 u. 4), 49 (4), 51 (4), 53 (7), 59 (5), 63 (4), 65 (6), 77 (4), 79 (5), 85
Hermann E. Kiessling: 31 (6)
Hans-Werner Klünner: 48 (1)
»Der Kurfürstendamm«: 42 (1)
Landesarchiv: 26 (1), 52 (1), 56 (2), 70 (1), 78 (2), 80 (2)
Landesbildstelle: Titel (oben u. Mitte), 15 (3), 18 (1), 24 (2), 25 (3), 26 (3), 28 (1 u. 2), 30 (1 u. 2), 31 (4), 32 (3), 33 (5 u. 6), 34 (3), 35 (4), 36 (1, 2 u. 3), 38 (3), 40 (2 u. 3), 42 (2), 44 (1), 46 (3), 47 (4), 50 (1), 51 (3), 53 (6), 54 (3), 55 (4), 57 (5), 58 (1 u. 3), 59 (4 u. 6), 60, 61 (2), 62 (2 u. 3), 64 (2 u. 3), 65 (4), 66 (1 u. 2), 68 (2), 69 (4), 72 (1 u. 2), 73 (4), 74 (2), 75 (4), 79 (4), 80 (3), 81 (4 u. 5), 82, 83 (3), 84 (1 u. 2)
Landesdenkmalamt: 58 (2)
Dirk Laubner: 35 (5), 51 (5), 55 (6), 75 (5)
Lehnartz: 45 (3)
v. Lorck, »Karl Friedrich Schinkel«: 9 (oben)
Luft Photo, Berlin Baumschulenweg: 34 (2)
Jonas Maron: 27 (5), 61 (3), 73 (5), 79 (5), 81 (6)
Ivan Nemec: 27 (5)
Bildarchiv Preußischer Kulturbesitz: 16 (1), 20 (1), 26 (2), 33 (4), 57 (4), 62 (1), 64 (1), 79 (3)
Florian Profitlich: 19 (3), 47 (5)
Uwe Rau: 29 (4)
Günter Schneider: 45 (4), 65 (5)
Toni Schneiders: 48 (2)
Senatsverwaltung für Bauen, Wohnen und Verkehr: 12-13, 67 (3 u. 4), 70 (2), 71 (5 u. 6)
Senatsverwaltung für Stadtentwicklung, Umweltschutz und Technologie: 11, 19 (4), 31 (5), 37 (4), 47 (6)
Privatarchiv Albert Speer: 7, 54 (2), 70 (3), 74 (1)
Staatliche Museen zu Berlin – Preußischer Kulturbesitz, Kunstbibliothek: 14
»Stadterneuerung Berlin«: 15 (2)
Stadtmuseum Berlin: 22 (1), 32 (1 u. 2), 34 (1), 38 (1 u. 2), 40 (1), 46 (1), 52 (3), 56 (1), 68 (1), 76 (1 u. 2)
Gisela Stappenbeck: 17 (5)
Steinebach & Weber: 41 (5)
Strähle-Luftbild, Schorndorf: 54 (1)
Technische Universität, Plankammer: 50 (2)
TLG/bünck + fehse: 69 (5)
Bernard Tschumi: 8
Reimer Wulf: 29 (3)
Zentrum für Berlinstudien: 78 (1), 80 (1)

Rainer Haubrich, geboren 1965, studierte Geschichte, Kunstgeschichte und Politikwissenschaft in Bonn und Berlin. Er arbeitete in Berlin als freier Journalist, Fernsehautor und -produzent vor allem über Architektur und Städtebau. Sein Essay »Berlin ist nicht Paris« in der Süddeutschen Zeitung wurde 1996 mit dem Deutsch-Französischen Journalistenpreis ausgezeichnet. Seit 1998 ist Rainer Haubrich verantwortlicher Redakteur für Architektur und Städtebau im Feuilleton der Tageszeitung DIE WELT. 1999 erschien sein Buch »Unzeitgemäß. Traditionelle Architektur in Berlin«, 2001 »Berlin. Der Architekturführer« (mit Meuser/ Hoffmann). Er ist Mitglied des Landesdenkmalrats Berlin.

Frontispiz:
Bauarbeiten auf der Fischerinsel in den sechziger Jahren
Abbildungen auf dem Umschlag: Der Reichstag (siehe Seite 52/53)

3. Sonderausgabe 2002

Gestaltung: Dorén + Köster, Berlin
Satz und Lithos: Mega-Satz-Service, Berlin
Druck: Passavia Druckerei, Passau
Bindung: Conzella Verlagsbuchbinderei, Aschheim/Dornach b. München

Printed in Germany
ISBN 3-87584-852-7